无畏

19年房产经纪人的珍藏笔记

盛 丽 原永鹏 著

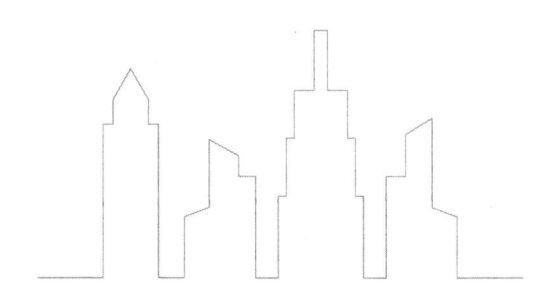

中国市场出版社
China Market Press
·北京·

图书在版编目（CIP）数据

无畏：19年房产经纪人的珍藏笔记/盛丽，原永鹏著.—北京：中国市场出版社有限公司，2024.4
ISBN 978-7-5092-2510-3

Ⅰ.①无… Ⅱ.①盛…②原… Ⅲ.①房地产—市场营销学 Ⅳ.① F293.35

中国国家版本馆 CIP 数据核字（2023）第 246377 号

无畏——19年房产经纪人的珍藏笔记
WUWEI——19NIAN FANGCHAN JINGJIREN DE ZHENCANG BIJI

著　　者：	盛　丽　原永鹏
责任编辑：	晋璧东（874911015＠qq.com）
出版发行：	中国市场出版社
社　　址：	北京市西城区月坛北小街2号院3号楼（100837）
电　　话：	（010）68033539/68036642/68020336
经　　销：	新华书店
印　　刷：	河南华彩实业有限公司
规　　格：	145mm×210mm　　32开本
印　　张：	9.5　　　　　　字　数：230千字
版　　次：	2024年4月第1版　印　次：2024年4月第1次印刷
书　　号：	ISBN 978-7-5092-2510-3
定　　价：	69.00元

版权所有　侵权必究　　印装差错　负责调换

序
PREFACE

在任何一个时代，关于居住这个话题的讨论从未停止，拥有一套属于自己的房产是千万家庭不懈奋斗的重要目标。尤其对中国家庭而言，它不仅仅是一个遮风挡雨的居所，更是一个家庭的基石、生活的舞台。家的文化传承与延续，承载了几代人奋斗的记忆。

很荣幸，作为一名迄今为止有着19年房产经纪从业经历的服务者、培训人，我的工作与房产相关。

早年间，这个行业乱象丛生，有些房产经纪从业者总想用一些所谓的"招数"来赢得客户的选择。在时代进步、科技进步的浪潮中和行业前辈们的带领下，我们坚持做难而正确的事，主张真房源，不吃差价，提供服务保障，至诚至善，减少不规范交易，助力行业信息透明，让从业者有尊严。

跟随先行者的脚步，以小我见大我。为了让更多的从业者看到——一个普通、以诚相待、乐于说实话的经纪人也可以在房产经纪行业持续精耕19年，并真正获得内心的满足和客户的认可，我特意创作了本书。把我的所思所想、亲历过的故事分享出来，把我的行业积淀、相关知识，以案例的形式分享出来，去帮助更多的从业者获得力量和补给。

这本书的创作过程充满了挑战与乐趣。

在整个创作的过程中，因工作忙碌，世事纷扰，书写故事时，我可能在飞驰的高铁上，也可能在万米的高空中；可能是在万籁俱静的黑夜，也可能是在四点钟的黎明。

通宵达旦写作的日子里，我曾因思路枯竭，想过放弃，也曾因酣畅淋漓地完成了一篇文章而获得超乎寻常的精神愉悦。我真切地体验了，在创作中产生的一种诗和远方的美好。

本书分两大部分：第一部分，回顾了多年的从业经历中所遇到的有趣的客户，有人为了实现购房梦而举全家之力筹款，有人因为跳单、毁约与我发生纠纷。我也访谈了很多朋友，从他们的讲述中汲取灵感，并将这些有代表性的故事呈现出来。同时，还有一些个人感悟与大家分享。第二部分，与专业知识相关，我邀请了十余名从业15年以上的房产经纪人一同输出好的方法论，确保内容客观、完整和适用，以简洁的语言，从实际作业场景切入，为大家提供详尽的解决方案。同时，本书在讲述中插入了大量的实践和案例分析，让大家在学习理论知识的同时，能够更好地理解和应用这些方法。

关于本书的创作，要感谢的人很多。

首先，我要感谢我的搭档原永鹏先生，是他给了我动力，让我把这些所思所得和珍藏的故事分享出来。在他的支持下，我们历时近两年，一字一字书写，逐篇逐段打磨，为本书注入了灵魂，使其得以面世,从而有机会帮助更多的人,在助力行业真实透明的路上贡献自己的绵薄之力。

其次,我要感谢参与这本书创作的团队成员:张馨、石红红、赵宁、杨忠岩。他们的辛勤付出助力了写作的进程,也让本书的内容和方法更具多元性。感谢所有为这本书提供帮助的人,他们在资料收集、实地考察等方面给予了我很多帮助,让我能够更加全面地了解和呈现相关知识。同时,我也要感谢那些为我提供案例的朋友和一直信任我的客户和业主,是他们的真实经历,让我们的故事更加丰满生动。

最后,我要感谢正在翻阅这本书的你。你也许在工作和生活中会遇到一些困难和挑战,有过无助与迷茫。我也一样,并一度深受其扰。为此,我常常激励自己:"眼里有光,不畏前方。"我说的光,是指对生活的热爱,对行业的热爱,对正确价值观的笃信与践行。正是因为这样的信念,所以一切好的、坏的经历,我都照单全收,不后退,不畏惧。成为一名专业的房产经纪人,帮助他人实现更美好的居住梦想,这样的使命感激励我不断前行。

你们的关注和支持给我带来了巨大的获得感和满足感,是我前进的动力。

在这个充满竞争与机遇的市场中,我希望:通过这本书,让更多的人了解到房产市场作业的本质和方法;通过这些故事,让更多的人知道，在职业生涯乃至人生道路上，只有不怕困难，永不言弃，不断学习与自我迭代，具有利他思维，坚持对客户好，才能立于不败之地。

祝我们在房产经纪行业的道路上越走越宽，愿大家诸事顺遂、健康平安。

盛 丽

2024 年 1 月

目录 CONTENTS

价值

赤诚之心 ·· 001
 值得收藏的日子 ······························ 001
 我的房子，你来决定 ······················ 006
 一个月的"库管员" ························ 009
 误报层高 ·· 014
 顶楼 ·· 019

有尊严的服务者 ······························ 024
 连环单攻坚战 ·································· 024
 陪看律师 ·· 029
 咬人的客户 ······································ 033
 聪明反被聪明误 ······························ 038
 墨尔本的贵客 ·································· 043
 哼，甭想跳单 ·································· 047

爱出者爱返……………………………… **052**
　　她的眼泪………………………………… 052
　　凡是过往，皆为序章…………………… 056
　　最温暖的生日…………………………… 063
　　百善孝为先……………………………… 068
　　微光……………………………………… 072
　　真人不露相……………………………… 077
　　8000元"补习班"………………………… 080
　　潜在客户………………………………… 085

天道酬勤……………………………… **089**
　　黄毛丫头………………………………… 089
　　租赁首单………………………………… 096
　　餐厅对弈………………………………… 101
　　孙女……………………………………… 108
　　日拱一卒………………………………… 114

与自己和解……………………………… **119**
　　有光的地方……………………………… 119
　　静待花开………………………………… 124
　　黑色的夜给了我黑色的眼睛…………… 127

无畏…………………………………………… 132

45 个关键业务场景破题

房源篇…………………………………… 136
  业主报盘怎样引导报价………………… 136
  拍实勘时拉近与业主的关系…………… 140
  收钥匙的方法…………………………… 144
  空看房子到底看什么…………………… 148
  业主配偶不同意出售…………………… 152
  看房不方便……………………………… 156
  业主报盘许久未出售…………………… 160
  怎么做好电话回访……………………… 164
  业主不降价……………………………… 168
  库存房源太多，怎么找到优质房源…… 171
  怎样维护不同性格的业主……………… 174
  怎样将房源快速售出…………………… 177

客户篇…………………………………… 181
  新人没有客户怎么办…………………… 181

门店接待的客户怎么推荐房源……184
电话邀约，客户不来……187
了解客户需求有哪些必问问题……190
客户不留联系方式……194
首次接触客户如何快速获得信任……197
客户一直不接电话……201
客户不肯出来看房……204
客户要求对中介费打折……207
客户有跳单倾向怎么办……211
如何挖掘客户连环单……215
老客户维护……218

带看篇……221
　带看准备……221
　带看过程聊什么……225
　客户临时不来看房怎么办……229
　带看后，二次邀约失败……232
　约了多套，客户只看一套便失去兴趣……235
　挑剔的陪同看房人……238
　客户只看不买……241

客户不急于购房⋯⋯⋯⋯⋯⋯⋯⋯⋯⋯⋯ 245
　　客户不认可中介费⋯⋯⋯⋯⋯⋯⋯⋯⋯⋯ 248
　　带看后回访的时机⋯⋯⋯⋯⋯⋯⋯⋯⋯⋯ 251

签约篇⋯⋯⋯⋯⋯⋯⋯⋯⋯⋯⋯⋯⋯⋯⋯⋯ 254
　　签约前的注意事项⋯⋯⋯⋯⋯⋯⋯⋯⋯⋯ 254
　　双方约见时出现突发状况⋯⋯⋯⋯⋯⋯⋯ 259
　　怎样和业主谈价格⋯⋯⋯⋯⋯⋯⋯⋯⋯⋯ 262
　　签约氛围尴尬⋯⋯⋯⋯⋯⋯⋯⋯⋯⋯⋯⋯ 266
　　价格以外的其他分歧⋯⋯⋯⋯⋯⋯⋯⋯⋯ 269
　　报价和出价差距特别大⋯⋯⋯⋯⋯⋯⋯⋯ 272
　　谈判桌上的中介费拉扯⋯⋯⋯⋯⋯⋯⋯⋯ 276
　　签约时遭同业公司干扰⋯⋯⋯⋯⋯⋯⋯⋯ 278
　　签后维护⋯⋯⋯⋯⋯⋯⋯⋯⋯⋯⋯⋯⋯⋯ 281
　　签后推进客户转介绍⋯⋯⋯⋯⋯⋯⋯⋯⋯ 285
　　签后纠纷⋯⋯⋯⋯⋯⋯⋯⋯⋯⋯⋯⋯⋯⋯ 288

后记⋯⋯⋯⋯⋯⋯⋯⋯⋯⋯⋯⋯⋯⋯⋯⋯⋯⋯ 291

价　　值

赤诚之心

值得收藏的日子

当初选择做房产中介时，知道我是从国有企业转行的朋友和同学都向我投来了惋惜的目光——我这个平时看着还不错的人，似乎正一步步走向"歧途"。关系一般的朋友，时不时地向我透露近期经济状况不太好的信号；和关系好的朋友一起吃饭，他们总抢着买单，仿佛在救济即将要活不下去的我。

2000年左右，因为当时存在一些黑中介，看房收看房费，客户、业主双方不见面，中介吃差价，导致人们对房产机构的印象普遍不佳。

加入房产经纪公司的真实原因，就是听说房地产行业赚钱。国企很好，好到你几乎能一眼望穿自己未来几十年的生活。既然时间对每个人都公平，那为什么不赚点儿快钱，搏些大的机会呢？

2009年，我加入了北京链家，虽然当时链家已经推出了"透明交易、签三方约、不吃差价"的阳光作业模式,整个行业也不收看房费了,但是店长当时教我们最多的,就是不断地发假房源,用相对便宜的房源吸引客户,然后再以其他理由,引导客户另作选择。有的客户出来看过一次房就不再来了,有的客户会当场揭穿我们。彼时的我,内心在怀疑纠结,行动在半真半假中逐渐麻木。深夜无眠时,时常怀念以前的工作,还是国企好。

直到2011年8月16日,这个日子值得纪念,正是那天的感悟,让我在房产经纪行业里坚持走到了现在。

我陪同事佳佳去看房子,陪看过程中在小区里接待了一位身穿墨绿色长裙的阿姨,她咨询本单元是否有房子出售。我立即介绍了昨天系统中刚录入的90平方米、总价168万元的两居室。有同事正在那里带看房子,家里有人,阿姨当即表示想去看看。

带着阿姨到了15楼,进到房子里我便开始介绍房子的情况,同时也在询问她的需求,这时阿姨走到窗户旁边看向我,说:"你看楼下就是地铁,这个房子会不会比较吵?"

这个房子在地铁附近,据我所知,这里很吵,可我总不能直接说实话吧,一时语塞,我不知道怎么回应。

佳佳直接说:"不吵,阿姨,这小区是2007年的新房,质量好着呢,您看这采光、这环境,多好,业主着急出手,价格还能谈点,太适合您了。"

阿姨看了看外面,看了看我。她的神态慈祥,让我想到了我的妈妈,如果是我妈妈住在这样的房子里,她会住得舒服吗?

那一瞬间,我像犯了错的孩子,内心的声音告诉我,不能有所隐瞒，买不买是她的事，说不说是我的事。

"阿姨，我同事不熟悉这个小区，这个房子有点吵，从早上5:05开始一直到晚上11点都有地铁经过，5分钟一趟，如果平时睡眠还行，可以考虑下。您要选这个房子，可以换70间距的双层玻璃，隔音效果很好，毕竟这个价是很好的。您要是介意，咱们就看看别的。"

阿姨笑着点点头，空气中弥漫着尴尬的气息。

我们离开房子，佳佳一路上都在抱怨，她用以往的经验帮我分析，房子不适当包装的话，肯定是卖不出去的。

"我还是觉得，要真实一点，客户不买就算了。她通过你买了房，然后住进去发现非常吵，天天来找你闹，你能扛得住吗？就算客户不找，不如实相告的话，我心里也别扭。"我说。

第二天，我们在店里开晨会，看到这位阿姨和一位叔叔站在门口和我打招呼，佳佳和我一起跑了过去。

"阿姨好，叔叔好，你们这么早来，是专门过来的吗？要看看其他房子？"

"不，我们就想要昨天看的那套。"

我怀疑自己听错了。

"昨天的那套，你们要昨天的那套房子吗？但是房子会比较吵。"

"没事，我们能接受，帮我们约一下业主吧，价格可以，我们就定。"

后来，签约成功。佳佳把我拉到一旁，小声说："她为啥选这个房子,她不是怕吵吗?"

"那你问嘛,不懂客户、业主心意的时候,问就好了,不要猜。"我说。

佳佳便心直口快地问了阿姨。

阿姨说:"小孩儿,实话和你们说,我就住这里的12楼,住了快3年了,吵不吵我们最有发言权。没找你们看房前,我都看了一个月了,这一条街上十几家中介基本看遍了,只要是这附近小区的房,他们都和我说不吵。一来是我一直没遇到合适的房子,二来是我就想看看你们这些中介公司的人,有没有人说实话,这个太重要了,与其说我在等一套房,不如说我在等一个人,毕竟我和你叔叔攒钱不容易,不想在交易的过程中出问题。一个靠谱的中介对我们来说,比一套合适的房子更重要。小盛实话实说,就凭这点,万一交易的过程中出了问题,她不会不管我们的。"

单子顺利签下,阿姨临走时还在叮嘱我们,钱怎么都能赚,昧良心的钱年轻人一定不能要,实实在在地办事,让客户踏实。

佳佳不好意思地点点头,向阿姨挥手再见。

刚刚认识客户,还没有建立信任关系,只带看了一套房,就全佣成交。实话实说,我没想到能给自己带来那么大的收益,那一刻我更加坚定了,也更加踏实了。

百术不如一诚,任何时候都别试图去欺骗、隐瞒客户,一旦失去信任,成本太高。

同样,我们在利益面前也要经得起诱惑,对人对事保持敬畏之心,坚持对客户好,坚持长期主义,保持存在的价值。

时隔多年，佳佳在这个行业里面做得风生水起。她常对新入职的朋友说，那些有"挑战"的事情、有"技术"的事情，是做不长久的。想要做长久，只需要实实在在地做人。

不是每场相遇都有结局，但是每场相遇都有意义，有些人适合让你成长，有些故事适合收藏。

我的房子，你来决定

有人说我从做经纪人开始就非常顺利，租赁销冠、买卖冠军，做店长、区域经理后获得多次业绩第一名，以至于做业务那7年，总是站在公司的领奖台上。如果现在有人问我："你是怎么做的？"我会用一句大道至简的话来回复："对客户好，有尊严地一直对客户好。"

2009年7月，北京烈日炎炎，店长推荐了王姐成为我的客户，她想要个小两居。我用了一周时间找房匹配，有合适的就会发信息给王姐。

约看时是我们第一次见面，我去地铁口接她，邀约带看的三套房子情况都不太一样，基本需求都满足，在看房的过程中，王姐比较谨慎，即使看着不错也想回去与家人商量一下。

2009年是房地产井喷的一年，市场非常好，房价瞬息万变，三天不到的时间，带看的三套房子全部出售了，面对如此局面，我和王姐都非常着急。

在接下来的两周，只要周末看房子，总是会有很多人一起看，出现了当场涨价的情况。我先后带王姐看了三次房子，不是没看上，就是和别人竞争，始终没有定下合适的房子。一个多月过去了，房价大幅度上涨。

再次带看时，王姐直接看中锁定了一套，可就在王姐回家接父母的时候，同事的客户先交了定金。王姐的父母知道这个房子卖了，还是来到这个小区转了许久，满是遗憾。我很内疚，焦虑充斥着整个神经。

王姐的爸爸非常喜欢这里，他直接把2万元塞到我手里："这钱给你，看到房子就帮我定，就要这个小区，楼层2~4层，不临街，随便帮我们定，你能做主。"

2万元放在我手里像烫手的山芋。

哪有客户不看房就定房的？这万一交了定金客户没看上怎么办？王姐看出了我的不安，她说："帮姐找房子，你能做主，我不想再错过，拜托你。"

这一声"拜托你"，点燃了我。我收下这沉甸甸的托付，这不是2万元，这是一家人的希望。

从那天开始，我每天早早到店，找新增房源，给现有房源的业主打电话谈价格，给租赁的业主打电话找机会。因为一直没有收获，我多次打电话给王姐，想让她把钱先拿回去，但是她都拒绝了我。

其实这期间也有房子出来，我挨个分析过，因为价格不合适、楼层不合适、装修不行等，我没有仓促定房。

店里的同事都说："客户这么信任你，找套差不多的房子得了，你这样找，比给自己找房子还挑剔，能找到合适的吗？天天打电话也没见你找到合适的房子，是不是傻？"

是有点傻，可只有像给自己找房子一样地挑剔，才不辜负他们的信任。

不能坐以待毙，线上找不到房，我就走出去找。

我打印了几百份求购信息，在目标小区每家每户门口放广告，在小区里各种穿梭，逢人必问。我几乎全天泡在这里。小区花园里面有一棵大垂柳，累了我就在大垂柳旁休息。它每天听我唠叨，听我祈福，给我依靠。

时间到了8月底的一天上午，作业系统中一套于前一天深夜录入的南北通透的3层小两居映入眼帘，我赶紧打电话给录入人问情况。打听清楚之后，我立即联系业主。业主当时正在东小口派出所执勤，说要到中午才会回家。

等不了了，必须先一步锁定，遇到这样的房子我怎能错过。

东小口派出所离门店不远，4站公交的距离。我找到业主，请他中午休息时带我回去看一下房子，他瞪着眼睛看着我，中介卖房都找到派出所来了？

"有个客户等这套房很久了，我不想让他们失望。"

当晚这套房就成交了，业主痛快地让了2万元。叔叔问我："小盛，你们这个中介费能打折吗？"

我笑着问叔叔："咱能不打折吗？"

叔叔笑着说："也不是不行。"

在一片欢乐的氛围里，又成交了一个全佣的单子。

后来我和王姐成了非常好的朋友，她给我介绍客户，换房租房找我，二手电器要卖找我，有喜事找我，有压力找我，有好吃的找我，孩子上幼儿园也来和我商量。就这样，我们相伴度过了14年的时光，我相信我们的友谊会延续下去。

价值·赤诚之心

一个月的"库管员"

郭先生打来电话:"盛丽,我们在三亚旅行,拍了婚纱照,实物要寄回北京,还有些干花等物料,我在北京也没个亲戚,那房子还有20多天才能腾出来,实在是没有地方放。可以暂时放在你们门店里吗?"

"没问题的,郭先生,婚纱照和干花都可以邮寄到我们门店来,我帮您保存。等到您方便过来取的时候,直接取走就好。"

我承诺、我做到,从那天起,婚纱照、干花、瓷器、厨房用具、装饰品,还有精致考究的化妆台,都堆在了我的面前。郭先生这趟旅行,寄回来二十几包大大小小的东西,像是从三亚搬了次家,我们这本来就不大的门店,塞得和早高峰的地铁一样。

同事走到我的工位旁边,跳过一个个小包裹,凑到我脸上吐槽:"快让你的客户收了神通吧,咱家门店没地儿下脚了。买个房还赠一个库房,你对这个客户可以呀。"

我说:"小心点,别踩到了,弄坏了你可赔不起,不能签前签后两张脸,咱就当好这个库管员。"

看着堆成小山的快递,我笑了。不知道郭先生现在在做什么,大概他想想这个事也会笑。

郭先生是我印象最深的客户之一,当时在我这里买了一套公寓房。

他通过线上咨询找到了我，指明要公寓房，当得知他是首次购房时，我耐心地讲解了公寓和住宅的区别，分析利弊，希望他可以作出更好的选择。经纪人比较排斥公寓房，不愿意去为客户推荐，殊不知公寓房有一个共性的优点，那就是位置不错，即便产权到期，只要交纳土地出让金就能续期。我作了详尽介绍，他由冷漠变得轻松、热情起来。

再三确认他是想要装修好、拎包入住的房子，以备结婚使用。婚期定在8月，距今仅剩4个月的时间。从选房、定房到办理全部流程，时间还是比较紧张的。

不过他的需求明确，时间节点清晰，匹配起来就容易得多。我在线上用VR（virtual reality，虚拟现实）带他看了几套装修较好的房子，他非常满意。于是，我便邀约他线下看房。

了解到他住的位置不是很远，我邀约他尽早看房。

他说："周末行吗？"

我说："周六日看房的人比较多，您在房子里也看不太仔细。而且，业主也会因为看房的人多而产生惜售心理，价格也不好谈。所以我建议您明天下班的时候过来，带您去看一看。同时，也再帮您约几套不一样的一居室，装修风格上，您可以再选择选择。"

一番沟通后，他同意了第二天下班后来看房。

客户时间宝贵，不能耽误，所以在带看策划上要下足功夫。我为他准备了三套房源：第一套是64平方米南向的一居室，报价78万元，房子在8层，中等装修；第二套是他心仪的房子，报价80万元，全明一居室；第三套是64平方米的南向精装一居室，报价 83 万元。

带看是有逻辑的，记得店长教过 BAC 法则。即在带看房子的过程中，最好可以找一套与客户需求较相符的房子放在第一顺序带客户看，第二套相对来说则是完全符合客户需求的房子，第三套是高于客户想要的价格和标准的。其实百术不如一诚，BAC 法则本身不重要，关键是可以让客户有一个选择的空间，并且让客户有买到这套房子物超所值的超体验。

三套房源全部看完了，他对第二套房子情有独钟，我当即建议他跟业主谈谈。可他希望女朋友来看一下再作决定。因为工作比较忙，他女朋友只能周末来看房。我大致判断出，女方应该是关键决策人。我答应了他，我们约好了具体看房时间。

周末复看时，他们二人非常满意，我开心地联系业主见面，结果电话拨过去，糟糕，麻烦来了。

业主说有一家中介公司约了他面谈。这不仅是同行业的竞争问题，也是优质房带来的客户竞争问题。不过，电话中他透露了一个非常有用的消息：因为他要换房，所以想过完户 3 个月后再腾房，给自己留足换房的时间。业主希望了解我这边的客户可以接受的价格和腾房期限。

我没有把这些消息立即同步给郭先生，先不要制造困难，提早下结论。不管客户能否答应业主的要求，我的首要任务是把业主约到门店来。

我知道了业主的情况，时间很紧，诚意卖房，所以促成了彼此的面谈。果不其然，预料之中，关于腾房的时间问题，是彼此拉扯的矛盾点，也是此次成交的关键。业主因为实际问题，不肯提前腾房，客户因为着急入住，也无法同意业主的要求。

"不行算了。"郭先生无奈地叹气。

"距离结婚只有3个月的时间，过完户3个月后再给腾房，意味着至少等4个月才能够入住，这怎么行？这期间我咋协调，上外面租一个去？"郭先生女朋友愤懑道。

一时间，面谈陷入僵局，不知道该如何继续。同事觉得没有希望，相继撤离了洽谈室。

我绞尽脑汁想办法撮合双方，游走间突然灵机一动，如果二人选择旅行结婚的话，时间的问题就解决了，也许这是个新的突破口。

我快步来到郭先生和他女朋友的面前：

"你们旅行结婚吗？"

"暂时没这个打算。"

"旅行结婚现在太火了，尤其大城市，不想像传统婚礼那么程式化，麻烦。你们想没想过，如果选择旅行结婚，入住晚一点是不是也可以？咱们都谈到这里了，价格都没问题，如果仅仅因为腾房时间错过这么好的房子，那多遗憾啊！"

他们互相看了看，没有作声。我指着房源纸上的图片接着说："这个大飘窗不是您二位最喜欢的吗？您坐在这儿，开着窗，吹着晚风，看着外面的桥上人头攒动，在屋里享受着两人世界的宁静，多美好呀。买房这事问题多，遇到完全符合预期的，概率太低了。就算咱们接下来再去看别的房，也有各种各样的问题，也许不仅仅是时间问题,那就更耽误你们的规划了。"

不知是描述的画面让客户感受到了那份甜蜜的温暖,还是他们真的认为旅行结婚也是不错的方式,最终,我们三方达成了共识。业主承诺过完户 3 个月内腾房,若是换房顺利,也会尽快搬出。

过了一段时间,我在微信朋友圈中看到了郭先生夫妇的婚纱照,为他们送上了祝福,也接到了郭先生在文章开头的那通电话,欣然答应了他的请求。

9 月一到,业主新房安置妥当,成功腾房。

郭先生夫妇二人返京后,把堆在门店的东西全部拿走了,两人幸福地乔迁新居。他们事后特地上门感谢我提出的旅行结婚这个建议,打趣我这一个月的"库管员"做得不赖。我看着夫妻二人相拥而行的背影,心生温暖,如沐春风。

误报层高

早上坐地铁上班，我注意到站在我身边的一位女孩，她的穿着干净得体、简单大方，脸上略显岁月的痕迹，时而双眼微闭，时而睁开双眼专注地看着窗外，忧郁的眼神像是在思考过往的人生。根据我个人多年的社会经验判断，她肯定是昨晚忘给手机充电了。这样的想法冒出头时，自己都不自觉地笑了，百无聊赖中自娱自乐一下也不错。

晃神间，车辆穿行过每天的必经之路，熟悉的楼盘——顶秀青溪小区，这里有我无限的回忆。抬头一瞥高耸的楼宇，刚好是亲切的 5 号楼，我在这里工作时，还是看房需要签看房确认书（带客户看房的证明，有防止跳单和检核经纪人工作量的作用）的年代。

用了"年代"一词，可叹时间久远，但那位先生的随性洒脱，仿佛近在咫尺。

那年夏日，一位高大帅气的男士来门店委托买房。他说话直接，思考问题随性果敢，只是自己也说不太清楚对房子的需求，想边看边找感觉。我见过很多客户，一个没有需求的客户到店，大部分的经纪人会认为是一位不靠谱的客户。但我还是认真地接待起来，我的策略是，把有钥匙的房子全看一遍。

客户没有拒绝，不问价格，只是看。进屋看一眼就走，有的房子连卧室都没去看一下就离开了,最快的一分钟能看完一套房,转一圈下来,看了7套房,无一满意。

带看的过程中,收集到的信息不多,一个重要的线索就是他对小区的品质有要求。我请他签署看房确认书,他很排斥,最后是同行的一位男士签的字,留的联系方式也是同行人的电话。我询问他下次什么时候有空来看房,他表示有需求会直接来店里找我。

两个星期过去了,我按照预留的电话拨过去邀约,一直无人接听,也就没在意,毕竟我们这行遇到这样的客户很常见。谁知,次周周二这位先生又突然到店,看房要求和上次一样——边看边找感觉,只不过加了个条件,明确要高品质的小区。

直觉告诉我顶秀这个小区会让他满意,我赶紧约了两套业主自住的房子,同时拿上了一把刚刚委托给我们的顶层复式的钥匙。果然,一到小区,他就觉得环境非常不错,园林风格,小溪环绕,让人眼前一亮。

这套复式是精装修,房子面积89平方米,实际面积却有160平方米,前后两个露台。他看了十多分钟,说:"这房子要是全拆了得多少钱?"看得出来,他喜欢毛坯房,有自己的装修偏好。

不出所料,接下来的两套业主自住房他都不满意,从结果上看,这一次看房又失败了。不同的是,签看房确认书倒是爽快,签名处也留下了他的名字——熊先生,这称呼倒是有几分可爱。

因为熊姓不多见,我便跟他攀谈起来。得知他是某大导演的御用剪辑师，因为工作原因，闲暇时间较少，此次看房主要是考虑明年结婚。

这次交流了很多，需求更为明确，接下来的日子，还是不断地找房以迎接他的机动来访。不久，我发现了一套新委托的顶秀青溪5号楼一层带半地下的房子，和他的需求很贴近，格局方正，采光尤其适合剪辑。我便发信息请他看到一定立即回电。天遂人愿，他回了电话，并立刻决定当时看房子。

房子整体上令他非常满意，到了地下室他问我："半地下层高多少？"

"4.8米。"我脱口而出。

"就它了，约业主签合同。"

双方谈判非常顺利，客户痛快，业主诚心，登记两天的房源就这样成交了。熊先生要重新装修，就把钥匙放在我这里，说如果设计师来了让我帮忙开门测量。

可谁知，测量的环节发生了问题，对我来说如晴天霹雳，半地下的层高只有3.8米。

我不敢相信这样的数据，请设计师测了一遍又一遍。随即又电话询问了业主，业主表示具体高度记不清了，但肯定不到4米。

4.8米，哪里来的4.8米呢？我不断地思考为什么会脱口说出这个数字。做业务时给出数据，我一向是认真且严谨的。直到店里有其他店的伙伴来拿顶层钥匙时问了总高多少，同事回应了一句"4.8米"，我才晃过神来，不是我实测过，是我被影响了。

怎么办，现在跟客户说还是不说？

房子还没有过户，万一因此客户坚持退房怎么办，违约金可不少，我拿什么去赔，会不会丢了这个工作？要不要过户之后再说？但在此期间，我怎么面对他？

脑海里不断地涌现客户开心的笑容，以及签约当天他和我说的话，他说房子真不错，4.8米的挑高刚好做两层，一层用来办公，一层作为休闲区，简直完美。

我电话拿起又放下，看着他的名字惶恐无助。那一夜，辗转反侧，我哭了很久，最终下定决心直面错误。

天蒙蒙亮，我迷迷糊糊醒来，打电话给他讲层高报错的事。他声音沙哑，多次咳嗽，他低声地说知道了，还说等会儿到店里找我。

挂掉电话的那一刻，我释然了，随之而来的是紧张，担心面对面时的冲突。我匆匆起床上班，路过药店，想到他在电话那边的状态，担心他没就诊，于是就进去买了一些止咳糖浆和感冒药。

这一天，我感觉过得特别慢，直到看到他的身影出现在店里。

他让我带他再去房子里看一下实况，我赶紧拿上钥匙，又从柜子里拿出装好的药，递给他。

"层高我记错了，希望您原谅，真的不是有意欺骗。嗯……如果不想买，没关系，我一定说服业主解约，尽量不让您有损失。"

客户接过药，看了一眼，没说话。我们快步到了房子里。

曾经看起来高挑的房子，此时也变得压抑起来。我静静地站在那里，惴惴不安，等待着他的爆发。

他四处打量，比比画画，10分钟后他说："走吧，就这样，做不了两层，就做一层半。"

我想了一夜可能发生的结果，却唯独没有想到这样的结果。听到这里，我掩面大哭，歉意、自责、感激……各种情绪奔涌而来。

熊先生见状，调侃我："你还哭，我还想哭呢，要知道你多报1米，我之前的打算都要重新规划了。也怪我，当时没仔细看，这3.8米和4.8米还是很容易看出来的。算了，要不是你的这两盒药，我一定不会原谅你。"

"啊？真的是因为这两盒药？"

"哈哈，中介傻成你这样让人气不起来，怎么可能因为两盒药，主要是我对这个房子的喜爱，我也担心不买就再也没有这样适合我的房子，它只是从完美到了美中不足而已。当然了，你的诚实对我来说也很重要。"

后来，他每年都会给我推荐客户，不属于我的商圈的，我就推荐给自己信得过的同事们。用他的话来说，和"傻"一点的中介交易，大原则上错不了。

作为房产经纪人，我们不是在卖一款产品，我们是在做一门生意。这门生意的核心是经营人与人之间的关系。客户的离去大多是因为你的产品，客户的回头大多是因为你的真挚。

顶　　楼

李乔，1989年出生，是我在房产中介公司服务两年时遇到的客户。他身材消瘦，喜欢穿格子衬衫，性情平和，举止儒雅，一副谦谦君子的模样，话不是很多，说话的时候会一直保持微笑。跟他交流，我说话都不敢大声，生怕自己的直爽变成叨扰，破坏了那种难能可贵的宁静舒适的气氛。

不过，他给我印象深刻并不在于以上的这些特点，而在于他选房时的特别嘱咐："我只要顶层。"

我问他为什么只要顶层，他说自己喜欢安静。

一开始我并没有搞清楚"安静"的含义，那段时间我帮他找了很多房，从一开始没有明确需求，到后来聚焦在顶层两居室上，花了好多时间。但困难的是，他想要的那个小区挂牌中鲜有目标户型。

在此期间，我开启全商圈搜索模式，包括但不限于朋友、同事、客户、同行从业者。短短几周的时间，整个立水桥地区及周边区域都知道我有一个这样有趣的客户。

"红姐，你们店有顶层房子吗？给我推荐推荐。"

"林店，你们店房子多，有合适的顶楼吗？"

"您好，我有个客户就要顶层的房，您考虑出售吗？"

"×××（同事），去哪儿带看，有顶层两居室吗？"

生活就是这么奇怪，当你不需要顶层房子的时候，俯拾皆是；需要它的时候，一房难求。

李乔的看房时间很有规律，那时每周六上午10点，是他的专属看房时间，我们连续看了几周，都不尽如人意，我不断地挖掘需求，试图靠近、理解他所说的"安静"的样子。因为实在是没有目标房源，我再次跟他确认"是等，还是接受其他楼层"，得到的答复斩钉截铁：顶层。

又是个一无所获的日子，晚上九点半，我拖着疲惫的身躯正要关店，一对夫妻走了进来："清水园顶层70平方米，110万元卖。"

顶层70平方米，这不正是我想要的那个小两居吗？

喜悦之情难以言表。

我迎上前说："如果我们现在有一个客户想要这个房子，咱能签吗？"

叔叔阿姨说："装修不太好，如果能卖，随时可以签。"

当天晚上，我就跟业主一起去看了房。虽然这个朝向采光不好，但西边的卧室窗户刚好对着东小口森林公园，主打一个"安静"。凭我的感觉，这房子正合李乔的胃口，于是当晚我兴高采烈地约他周六看房。

他如约而至，在房子里研究了十几分钟，比比画画像是在丈量尺寸，嘴里念念有词。他着重看了西向的卧室，从窗口远眺森林公园后，关上窗户原地放松，静听外面的声音。

他说："走吧。"

我追问:"有什么问题吗?"

他说:"暂时没有,我们下周六再来。"

我说:"业主刚刚报房,房子有可谈空间,要不要今天和业主谈一谈?"

他说:"不了,下周六 10 点再过来看,如果它卖了就算了,如果它还在,你就帮我约一下。"

我一头雾水,不知道他到底是怎么想的,少言寡语,特立独行。让我既有挫败感,又有挑战此单的兴趣。

第二周的周六,房子还在,同一时间,同一地点,我们再次见面。在去看房的路上,我说:"冒昧地问一句,您为什么总是周六 10 点看房,是只有这个时间有空吗?"他说:"遵循规律。"

这次,他依旧在西向的卧室远眺,又关上窗户静听外面的声音。

他随即来到客厅,对我说:"约上业主聊聊。"

"不好意思,我没听清。"

"约上业主,聊聊。"

带看这么久,李乔第一次让我约业主。我压制不住内心的兴奋劲儿,跑到屋外掏出手机给业主拨了过去,成功约到了最近的时间。

后续在双方沟通的过程中,并没有什么复杂的斡旋过程。我发现李乔与叔叔阿姨的工作单位性质相似,以此为契机,拉近双方的距离。谈判顺利,最终以 105 万元的价格成交,符合双方的预期。

叔叔阿姨走后，李乔并没有着急离开。他端坐在椅子上微笑示意，请我坐到他的对面。

"一切都是最好的安排，谢谢你帮我找到了适合我的房。你知道我做事是遵循规律的，包括我们的相遇也是。你是我选中的经纪人。当时在网上浏览信息的时候，看到你的名字，笔画是18画，是我的幸运数字，能成为我的贵人。你问我为什么总是在周六上午10点看房，因为巳时是我的幸运时间，我一般会选择在这个时间做最重要的事情。老家的一位先生帮我算过生辰，如果住房的话，要么住一个平层，要么住在顶层，这样头上空间开阔，对我的运势很有帮助。我的命格喜阴喜静，但一般的顶楼的西向卧室理论上光照都很足，这个房子的西卧就恰好满足了我命格的需求。"他说。

我说："既然满足条件的房子这么难找，第一次看这套房的时候为什么感觉您不是很急呢，如果被别人先定走了怎么办？"

李乔说："忌贪念。看到自己喜欢的东西，不能即刻追逐。等上一周，对彼此也是考验，属于你的，终将属于你，这是你的缘分。无缘的，哪怕今天你得到了，明天也会以另一种方式失去。"

这一刻，我很久以来的疑惑全被解开了，我感觉他整个人都在发光，一种佛系但规矩、肆意但严肃、先进又传统的感觉，在他的身上得到融合，竟然不让人觉得拧巴，是那么的自洽。我被他独特、有趣的思维方式及平静谦恭的交流状态深深地感染了。那一刻，我好像明白了他说的"安静"是什么意思，我无法描述那种状态，但是却结结实实被这种"安静"的状态包裹住了。

后来他入住的时候,我去求了一只风铃送给他,对他有开运的作用,我祝他幸福平安、鹏程万里。他喜欢得不得了,并回赠了我礼物。之后我们经常沟通,聊聊工作,聊聊生活,聊聊世界,建立了深厚的友谊。

在他的世界观里面,我学习理解,感受尊重,我们一静一动,他从来不会拒绝多话的我。我也在每次跟他交流的时候,试着让自己内心平静,戒骄戒躁,忌贪念,感受天地万物的宁静。送他祝福,也为自己祈福。

一切都是最好的安排。

有尊严的服务者

连环单攻坚战

电话打了,宣传单发了,各种内外网的房源都展示了,带看也有一些,客户都不着急,以至于近1个月还没业绩,我内心无比着急。看到身边的租赁经纪人每天很忙碌,有带看,有签单,着实令我羡慕。说来也奇怪,人在忙碌的时候感觉不到疲惫,相反闲下来,又累又空虚。

在一次带看的路上,一位个子不高、精神饱满的阿姨向我询问小区里70平方米房子的价格,简单地沟通后我留下了联系方式并和阿姨约好下午在门店详细沟通。这就印证了店长常说的"'活'在外面,'死'在家里",走在小区里有时会碰到这样的业主。

阿姨下午到了门店,自豪地称自己的房子户型好、精装修,用的都是实木家具,要不是楼层太高,现在走动不方便要换房,才不会想要出售。听闻阿姨的描述,我给出70万~75万元的价格区间,阿姨立即决定报75万元。

我登记好房源,提议看一下房子,评估一下现场情况,顺便拍一下实勘(拍房屋实际的照片)用于展示和宣传,验过房子后再给出一个相对合理的出售价格。不实地评估的房子，不能确认报价。报价不博弈，看房再评估。

阿姨应允。我们边走边聊，很快就到了房子门前。只见入户门铁皮斑驳破旧不堪，里面的木门变形，阿姨费了好大的劲，向上抬往里推，才打开。

"你随便看看，这房子户型特别好，夏天凉快，都不用开空调，冬天暖和，这暖气都包起来了，好看还保暖，拎包入住完全没问题。"

这套房子并不特别，完全符合1995年左右建筑的主要特点。

标准的南北小两居，客厅在中间，借两间卧室采光。主卧室特别大，其他的房间都很小。包门、包窗、包暖气，这些阿姨引以为豪的装修，真的是哪儿哪儿都需要拆掉，地面上20寸的小地砖彰显了这个房子厚重的年代感。一个造型夸张的三人沙发横放在客厅里，让原本不大的客厅更显拥挤，厨房里各种瓶瓶罐罐、黑黢黢滴油的抽油烟机，让整个空间格外压抑。

我仔仔细细地打量了两遍，肯定了这个房子的格局、位置等属性，建议阿姨可以将一些闲置的东西收纳起来，房子里的摆设重新换个位置，沙发可以放到主卧室。同时，结合装修风格及采光等情况，对比历史及近期的成交情况，给了报价上的意见。若急迫程度高，成交价建议报70万元，若不着急可以报72万元。

"那我报73万元吧，72万元有点低，我要在城里换一个房子。现在看着呢，没那么着急，你帮我报73万元吧。"

"还能谈点不？如果付款方式比较好，一次性付款或是一个月钱就到位,您考虑降价不?"

"要是客户付款方式好,操作省心,最低72万元可以卖。"

和阿姨确认了可以随时看房后,我开心地离开了,这是一场有效的交流。这个房子报价和市场价差距不大,一定可以尽快出售。

在路上,我不禁复盘起业主报房的注意事项:先肯定房子,任何房子都有它的优点。客观地列举房子的问题,并给出一定的建议;价格一定要报区间值,避免绝对,如遇比较坚持的业主,不适合报房时议价,就要在实勘时、带看时、面访时、意向谈判时和签约时等不定时地议价,才有可能成交。毕竟二手房没有两套是一模一样的,价格自然也就无法完全一样。

阿姨听从了我的建议,屋里拾掇得清洁宽敞,房子观感明显提升,我和同事们也为此进行了大量的带看。一个周末,十几组带看,有两个意向。就在我以为这单稳了的时候,第二天接到同事老谭的电话:"这个房子的业主不卖了呀?我这边客户等着约谈呢!"

我赶紧联系阿姨。阿姨说她在其他中介公司也登记了房源,最近看房的人很多,其他中介公司告知她房子能卖到75万元,所以她的心理价位上涨了。

遇到这样的事情,唯一的办法就是找客户和业主面谈。见面三分情,很多事见面更容易解决,只有这样才有可能确认最终的底价。

"阿姨,我们现在有一个客户看好您家的房子,想约您聊一下。至于价格你们见面谈,您想卖高一点,双方坐在一起谈也不是不可能。如果您再等,房价也可能真能卖到75万元,可您换房也是一样，价格也会涨的，别错过这个客户。听来的客户都能接受，毕竟不一定都是真的，只有客户真真正正地坐在您面前，给出的价格才是真实的，不是吗？"

征得阿姨同意后，我告诉老谭约客户，要给客户铺垫好房价的上涨趋势还是比较明显的，业主有惜售、涨价心理，面谈有失败的风险。

一切就绪，双方见面聊得不错，客户给出72万元的报价。阿姨犹豫不定，给其他中介打了电话，对方告知她现有一个能接受75万元的客户，这几天来看房，看好就定，让阿姨再多等几天。

这种对弈很简单，我们知道对方暂时是没有客户的，如果再等一周客户也许就真的来了。为了客户的需求和业主的利益，我们协调双方沟通，说事实，讲利弊，将价格指向73万元。

"像这样的同业行为我们经常遇到，都理解！谁都想为自己的客户争取机会，阿姨您想过没有，万一那个客户没看上怎么办？咱们这个客户也不会一直等您，最后您还得再找客户，再过一段时间您的房子真的75万元成交，您再换大房需要添不少钱呢！不如趁现在赶紧出售，明天就可以去定那边的房子了，时间一点不耽误，价差也小。我也让同事的客户再加点，您看行吗？"我说。

阿姨质疑："还是怕卖低了，价降了，我买那边的房子能便宜卖给我吗？"

想解决阿姨这种连环单难题，就要找闭环上下游联动。当了解到阿姨也是通过链家换房时，于是我拨通了北京四环慧忠里商圈带阿姨看房的同事的电话，把情况一一说明，同事立即就明白了，也沟通了那边的业主，业主承诺明天定房可以让2万元。

最终，阿姨同意签约，客户也清楚行情趋势，后续进展非常顺利。

签完合同，我送阿姨回家。路上打趣道："恭喜阿姨成功把房子卖掉了，我打赌明天就有同业公司打电话，说卖低了，还会说75万元有客户要，甚至是78万元都有可能。"

阿姨饶有兴趣地问："他们为什么这么说，真的有客户吗？"

"有没有不重要，您永远卖不到最高价，也永远不会是最低价，我们这个行业还不太透明，大家竞争还挺激烈。一些经纪人不好的作业习惯会让业主和客户不舒服，他们的话您别听别信就好。明天我再陪您去买房子，您踏踏实实的。要是有同行问您房子多少钱卖的，您就说市场价就好，避免您听到一些不实的信息烦心，没必要呢。"

第二天，阿姨签下了要买的那套房，一卖一买顺利地完成了，我们打赢了这场连环单攻坚战。过了一个星期左右，阿姨打电话给我，她高兴地叙述着我们打赌的内容，验证了我之前的猜测。同时还有她买的那套房子，才一周时间，同户型的市场价就涨了10万元。

出发点对了，才有可能拿到结果。如何度过无回报期，我的答案是，去相信它，相信相信的力量。业绩的获取方式是多元化的，可以通过签单、房源分配和合作，只要我们不放弃争取和努力，只要我们做的是对的事，无回报期时不迷茫、不焦虑，保持基本动作，坚定信心，一定可以迎来胜利的曙光。

陪看律师

为了提升带看质量，区域内开始要求"1+1+1"带看，即1个人带看，2个人陪同。小薇是个刚入职的新伙伴，1个月左右的时间就在师父的帮助下成功签署了200万元的二手房买卖单，这对年轻、有冲劲、有抱负的她来说，无疑是一剂强心针。

各个行业仿佛都有新手运势，就像牌桌上，一个不会玩的新手上场，手气总是很好，房产经纪行业也是一样。这不，眼看着小薇又约好了新的带看，她的师父老谭积极地配合准备着。

第一次带看，客户视频远程和父母一起看了房，看了2套房，表示再考虑下。

第二次带看，陪同客户看房的是一个懂风水的亲戚，看了3套房，五行不合都作罢。

第三次带看，陪同客户看房的是一个有经验的朋友，看了3套房，各种问题，都没看上。

…………

3个月后，全店人都知道小薇有一个"挑剔"的客户，都在等着看这个客户能不能成交。一段时间里，那个"挑剔"的客户看过的那些不合适的房子都相继售出，小薇的心气儿被磨平了不少，从她口中频频说出："签个单，可真不容易。"不难看出，她渐渐开始理解这个行业。二手房经纪业务的特点是高标的、低频率、长周期、非标准。

不同的客户有不同的需求,逐步挖掘,持续跟访,成功签约的概率会不断提高。当然也会有特殊的客户,小薇的客户就算是这一种,当师父的老谭也是无能为力,于是便给出了只管带看、随缘签约的策略。

可能是时间的积累、专业能力的提升,也可能是机缘到了,东辰小区一套全南小两居,被这个客户选中。邀约面谈的时间及价格的铺垫,进展都十分顺利,真是守得云开见月明。

晚上七点半,双方都应邀到达门店,业主是一对夫妻,客户也是两个人。为了保证合同顺利签署,店长亲自到会议室负责主签,老谭和小薇从旁配合。

价格很快确定,其他条件双方也一拍即合,交易正式进入合同签署环节。这时客户提出,陪同自己来的是一位律师朋友,要请他过目全部合同条款后才能签署。

气氛有些许尴尬,店长打破沉寂:"没问题。购房需谨慎,我们全力配合。"

律师先生自备铅笔,严谨专业地在草签版合同上慢条斯理地勾画着,时不时地抬头自语:"合同文本第三条成交方式这个地方得改,第四条成交价格、付款方式及资金划转方式得改,第五条房屋权属及具体状况的承诺要改。这里,还有那里,还有居间服务合同、补充协议要改的就更多了。"

客户赞许地点头,眼神里充满期待和肯定。业主二人倒没说什么,各自玩起了手机。

面对律师先生提出来的问题，店长纷纷作出了解释，如建委标准合同不能改，补充协议可以自定义等。客户听得云里雾里，索性全依律师朋友的意见。

律师先生和店长你一条我一条地对照解释，已经过去三个多小时。业主看了看时间，有些着急，催促客户几声："链家你就放心吧，他们专业。我之前买房也是通过他们，合同之类的都没什么问题。"

客户也有些疲惫了，讨论半天自己也插不上什么话，仅剩店长还在耐心细致地回应律师先生提出来的各种问题。

小薇悄悄询问师父老谭，店长是不是法律专业的，竟然跟一个律师讨论专业问题讨论这么长时间。

老谭看了看店长，又看了看小薇，笑着道："每一个单子都不容易，它需要非常多能力的沉淀，行行出状元，房产经纪更是一个复杂的、看长看远的行业。在这里你会遇到律师、会计、企业家、警察、教师，甚至明星等，你就要懂所有人的语言，理解所有人的行为，尊重所有人的习惯。你认为每个单子都很简单，是因为你身在其中，频繁经历。而我们的客户大都是一辈子只有一次与房产相关的交易，有些人甚至一次这样的经历都没有，而房产又属于大宗交易，少则几十万元，多则上百万元、上千万元，我们如何能让客户放心呢？所以不管对谁，唯有专业、耐心地讲解，用实际行动争得客户的信任才能破题。"

小薇似懂非懂地点了点头。她知道这行对她来说还有很长的路要走。

凌晨两点半，路上车辆寥寥，甚至能听到马路边蟋蟀的叫声。满脸疲惫的业主、无精打采的客户，大家都把目光投在律师先生身上。律师先生一丝不苟地回应了他们的目光，对大家说道："核对完了，没问题，专业的就是专业的，签字吧！"

小薇笑了，老谭笑了，客户笑了，业主笑了，店长笑了，律师先生也笑了。

有时我们责怪客户外行，责怪客户计较，还会对客户的行为举止"非常友好"地评头论足，签单过程中遇到一些困难就愤懑不平、满腹牢骚。其实这些说明了一件事——我们没有换位思考，我们没有让他们安心，没有以专业制胜，让客户信服。

形形色色的人和事组成了多姿多彩的世界，你喜欢的，你讨厌的，你欣赏的，你憎恶的，组成了世界真实的样子，它时而随机，时而必然，它不按常理出牌，也不会总回应你的期待。

选择从事房产经纪，需要特别大的勇气。你要接受付出和回报不对等，要知世故而不世故，要理解人心、尊重人性，要坚守底线，刻苦朴素，要提升自己的专业能力，要懂房产经纪、懂法律、懂营销，才能应对任何随时到来的挑战。

于小薇而言，这次凌晨两点半赋予她的可不止这些。她不断努力的这些日日夜夜，赋予她更多的是不断前行的使命，让她在充满希望的职业生涯里步履不停。

咬人的客户

2012年,我在北京链家做区经理的时候,当时的总监给我匹配了一个师父,这是我入职北京链家的第4年,在链家的第1位师父。之前从经纪人到店长都没有师父带教,一路跌跌撞撞,野蛮生长。

跟师父工作,一开始我很不习惯这种同事之间的相对紧密的协作关系,但随着业务的开展和磨合,我感受到了他的真实,看到了他的专业,这个可靠的人逐渐成了我在工作上的依靠,很多心里话都会跟他分享,很多决定都会主动和他商量。

2015年,我转到职能培训岗,告别7年的一线业务生涯。从那时起,和师父见面的机会就非常少了,大家都在各自的岗位上忙碌着、坚持着、奉献着。转眼又是一年,集团开展了干部下一线的号召。在众多可选择的实习城市中,我选择了师父所在的城市。

许久未见,我们相约在一家烧烤店叙旧。花生、毛豆、小啤酒,畅聊的话题依然是当年我们做业务时的场景。

"那时候可真的很快乐,你们店的房子总被我们卖掉。"师父端起酒杯一饮而尽。

"是的,师父带店的时候,签约成功率非常高,感觉您那边的客户都非常靠谱。"

"啥人都有啊，也遇到过特别不靠谱的。"他抓起几粒花生喃喃道。

师父向来不轻易评价别人，什么样的客户会被师父说成不靠谱呢？听他这么一说，我特好奇。

他把筷子放下，双手一摊。

"记得特别清楚，当时是7月，北京天儿特热，很多次带看才能成一单，经纪人穿着衬衫、扎着领带很受累，所以格外珍惜每次带看的机会。

"那是柱子的一个客户，想买一套东辰小区的两居室，看了两套房子之后就锁定了一套有租户的两居室，当即表示希望能够尽快和业主沟通。

"业主住大兴，距离门店一个半小时的车程。当时客户看完房，已经是晚上8点多了。通常这种情况，考虑到业主出行距离，是要约第二天见面的。但我们见客户意向这么强，不想错过这个时机，也不想让二人多跑几趟，于是柱子和我开车带着客户去找业主面谈。

"见到业主的时候是晚上9点左右，客户非常亢奋，言语间流露出对房子的喜爱。业主直入正题，表示自己的房子有很多人看好想要谈，很爽快地给出了底价，不接受博弈，这个价格比客户的预期高出3万元。

"客户见业主态度坚决，当下就要和业主签约。由于事先没有准备，没有带定金，也没有带银行卡，那时候手机转账也不像现在这么方便。于是他提议给业主打个定金的欠条，定下这套房子，明天再来补上。

"业主被这波操作整得有点迷糊,但见客户如此笃定,也不想错过,于是买卖双方一拍即合,40分钟就签署好了一份合同。分别时,业主并没有收下欠条,也没有拿合同,而是嘱咐我们明天定金务必到位,和正式合同一起给他送过来,如果没有履约,他有权卖给其他的客户。

"鉴于整个流程的不完整性,我们担心业主会有变化,所以在回去的路上给客户作了很多说明,要警惕业主反悔风险,告知他从法律的视角看,在业主没有收到定金的情况下,即便是签署了合同,也是不能够约束业主的。所以建议他明天一早就把定金送过去,以免节外生枝。

"在车上,客户一反常态,收起了亢奋劲,坐在那里默不作声,我们提议把他送到家,他要求回到门店重审一下合同。当时已经是深夜12点了,大家都非常疲惫,不过,为了更妥善地理清问题,我们应允了。"

我说:"合同有问题?"

师父说:"合同没问题,是客户的问题。他坐到谈判室不一会儿,就表示这个房子他不想买了。柱子见状吓了一跳,本来要把合同递给他,听到这句话,径直把合同塞给了我。客户见状从椅子上腾地站起来,跑到我身边伸手要把合同夺过去。出于条件反射,不明状况下我本能地保护合同,拉扯中客户一把抓住我的手,狠狠地咬了一口。我疼得松了手,客户拿起合同袋,快速地翻出里面的欠条,当着我们的面把欠条撕了,并连声道歉,说自己是着急了,这个房子买得也是冲动了。说罢他转身拿起自己的东西就离开了，原地只剩下不知所措的我们。"

我说："这人有问题吧，这都行？"

师父说："后来我们复盘这个单子，总结出该客户本身情绪稳定性较差，易受环境的影响，也缺乏一定的决策能力。其实这些在了解客户需求的时候就应该发现，因为客户容易被我们的话所说服，从而改变自己的需求。在带看的环节，也因为经纪人的介绍，在思考不是很全面的时候想要定下这个房子，而业主在谈判时给客户带来了压迫感和紧张感，客户冲动之下选择了立即签约。这类型的客户有可能不太清楚自己真实的需求到底是什么。在回来的路上客户冷静下来，对自己的冲动购房决策充满担忧，出现了过激的反应。其实客户本身没有错，没想好也很正常，毕竟这么大资金的交易，决策的链路很长才对。"

我问："后来联系上了吗？"

师父说："之后柱子联系他，他不接电话、不回信息，可能是不好意思吧，后来我们也没有遇到过他，他仿佛消失在了那个夜里。"

我说："做房产经纪行业，难啊！"

师父打趣地说："我在这个行业16年，也只碰到了一次咬人的客户。而你在这个行业快14年了竟然连听都没听过，这么看起来，这行也没那么难嘛！"

我说："不过想想也挺可惜，不知道他现今住在哪里，当初那房子现在也涨了不止一倍了吧。"

我感到惋惜的时候，师父笑了。他说，个人有个人的运气与命数，也许人家之后作了更好的决定，买了更好的房子，有了更大的升值空间呢。

也是。想了想北京这些年不同地区的发展情况，我们会心一笑，师徒二人继续闲唠这些年来的故事。

实际工作中，经常会遇到独自看房的客户，我们不得不了解他背后的家庭情况，因为这是成交的关键。很多时候客户初看是一个人，有了方向后才会选择和家人一起复看，看房人、购房参考人、决策人，会逐步浮出水面。这就提示我们在带看的过程中，搞清决策者是需求沟通中的关键。

此类事件的发生，对我们作业提出了一个更高的要求——不仅仅要对签约的客户进行维护，连客户的家人和决策人都要一并维护。从更多的细节上，观察客户可能出现问题的点，来确保单子顺利签订。

有很多合同是签署完之后，才出现了比较大型的纠纷，进而导致违约、退订及退还中介费等。处理纠纷占用了经纪人大量的时间、精力。处理纠纷比新签订一单还要难，有的经纪人在这样的过程中丧失了信心从而离开了房产行业，十分可惜。经纪人有意识地去引导客户作出科学的决策，防范不合规等事件发生，任重而道远。

聪明反被聪明误

"您好，请问明天第一城1号院的房子您考虑出售吗？"

连续拨打了全部租赁的业主，这个小区还是没有在售的房源。一共只有114户的超小社区，平时出房率极低。很多时候客户就是这样坚持，只要这个小区的房源，其他房源不考虑。关注这个小区的新增房源，成了我每天必须做的事情。

夜幕降临，小雨淅淅沥沥，路上行人渐少。一位穿白色T恤、大短裤的先生推门进来。

"您好先生，有什么可以帮您？"

"我在这里等个人，你们忙你们的。"

"给您倒杯水，您坐这里慢慢等，如果有什么需要可以随时叫我们。"

那位先生在靠近门口的位置坐下，端起水，小口喝着并四处打量。他对面的橱窗上的房源纸上，展示着一套明天第一城5号院的两居室。

"这个80多平方米的两居室280万元，怎么这么贵？"

"这套房子是5号院的，中间位置、没有电梯的户型，公摊小，装修好，所以价格偏高于市场价。"

"1号院现在卖多少钱？"他试探地询问。

正为1号院的房源发愁的我窃喜，如果他是1号院的业主，那么对于我来说正是雪中送炭。

"目前1号院没有在售房源,上一套出售的是35平方米左右的,成交价在134.5万元。您是有房子出售吗?"

"没有,我就是随便问问。"

说话间,佳运园店的同事昆哥推门,跟这位先生示意:"您是王阳先生吧?我是苏昆,孔姐打电话说您过来找我,咱们去我们门店吧。"

两人离开门店,消失在夜幕中。

我察觉出那位先生的态度有些微妙:"店长,1号院可能要上房,我看到昆哥带着业主走了,估计一会儿房子就会报出来。"

"你赶紧和客户说一声,如果能看房就进行约看。"店长斩钉截铁道。

事实证实了我的猜测。40分钟之后,系统显示1号院新增一套35平方米、报价138万元的精装修房。在此期间,系统里已经有几位经纪人进行了跟进。

我赶紧联系了客户,客户期盼已久,冒雨前来。业主对我们的行动速度感到惊讶,带我们参观。

房子装修小资,入户门做了酒柜式的玄关,本来就独具风格的小房子显得更加个性化。客户在房子里仔细看了很久,下楼后直接表示房子没问题,可以和业主签约。

我一边带客户回店,一边给昆哥打电话,请他帮忙联系业主面谈。

整个推进节奏过快,昆哥担心业主会有变化,说:"我先帮你们把业主约到门店，你们和客户做好铺垫，稀缺户型，有加钱的可能。"

晚上九点半，业主带着房本出现在我们门店。双方沟通比想象得要顺畅，138万元的价格客户没有异议，同意签约。业主核验定金、协议无误后，签下了自己的名字。客户见状，立刻出门到店面附近的ATM机取现。

我们陪同业主在签约室等待，等待期间，业主电话不断，听起来不知道是在跟谁聊着房子相关的问题。10分钟之后，客户取现后回到店里，把钱摆放在桌子上。业主看到钱，面露难色，提议看一下刚刚签订的完整的三方协议。

当我们将三方协议放到他面前时，他站起身一把抓过去，双手合力将合同扯开，撕碎，对折，再撕，然后拿起了一小撮咬在嘴里嚼，留下一句"房子不卖了"，便溜之大吉。我们和客户错愕地站在原地。客户蒙了，我和店长也蒙了。店长打电话给昆哥，说明了刚刚的突发情况，昆哥赶忙联系业主，20分钟后，他给我们回电。

原来就在客户取现金的期间，业主和他的爱人通了电话，业主爱人明确表示刚报出的房子就成交，说明价格要低了，不同意他今天签约，并且拒绝签署配偶同意出售证明，声称要是他随意做主，就和他离婚。我们把实际情况转述给客户，客户哭笑不得。

我们咨询客户是否愿意加价再去找业主谈，客户对业主出尔反尔的态度和捉摸不定的行为表示担忧，只能作罢。

送走客户，店长叹息："开了眼了，什么样的人都见过，刚签就撕毁协议的业主,这是头一个。"

虽然这次经历有点奇葩,但面对这样紧俏稀缺的房源,我不甘心放弃,于是又给昆哥打电话,询问业主的心理价位。昆哥说,业主妻子明确表示 145 万元可以随时签约。

"涨幅也太高了,一个 35 平方米的房子涨 7 万元,客户肯定接受不了!"我愤愤不平。店长劝我不要轻易下结论,早点把信息同步给客户。

我很生气:"我早给客户算过了,这样的小房子 138 万元都是高于市场价的,狮子大开口啊,要 145 万元,开什么玩笑,谁有客户谁签吧。放他两天,价格降下来之后,我再让客户找他谈。"

第二天,当我打开系统查看房源时发现,这位业主的房子显示已签约。我怀疑地眨了眨眼,再次确认,成交价 143 万元。我随即给昆哥打电话询问,得到证实。于是我便把这个消息同步给了客户,客户十分惋惜,埋怨我没有把消息同步给他,他说自己一直在等我的消息,如果加个五六万元,他是可以接受的。

挂了电话,我怅然若失。

过了很长一段时间,1 号院一直没有出房。3 个月后系统中出现了新上房源的信息,此时已经报价 155 万元了。当我再次联系客户时得知,他已经在别处买到了合适的房子。

整个事情经历下来,有一种方寸之间变化万千之感。无论是已经签约又临时毁约的业主,还是无法接受又可以接受的客户,我不知道该如何去评价交易双方的态度转变,只是为自己的执拗和自作聪明感到遗憾。

从长远的角度来看,这次交易失败也未尝不是件好事,它反复警醒我,人是有情绪的,人是会变的,随着市场的变化,人的需求和判断也会随之改变,从而适应市场。不要主观判断客户的承受能力,成交或不成交都需要客户自行作决策,不要轻易下结论。理解情绪,控制情绪,才能真正地读懂交易这件事。

墨尔本的贵客

坐标首都机场，准备飞往下一个城市为一群优秀的门店管理者赋能。疫情下空空荡荡的国际航线候机厅，播报着航空信息，那空旷声让我恍惚间仿佛听到多年前一架深夜航班落地的声音。

凌冬，外面下着鹅毛大雪，厚厚的羽绒服裹在身上，依然抵挡不住瑟瑟寒风。王健店长顶着大雪来到我们店里，让我帮他预约佳运园三居室的业主，说有位客户看好房源，见到业主就基本能签合同，一定要想办法让业主和客户进行谈判。

这套佳运园小区三居室的房源业主，是通过网络报盘的方式，在我这里委托出售。价格还算合理，因房子装修得不好，看房又不太方便，导致一直挂盘未出售成功。巧了，王健店里的客户刚好需要这个户型的房子，经过一番费心劳神的带看之后，客户想要约业主见面沟通。

有时做房产经纪就是这样，你没有客户的时候其他人也没有客户，你有客户的时候，其他人的客户也纷至沓来。

现在有两家中介的客户同时看上了这套房子，大家给客户作铺垫，告知这套房子有其他客户也看好想要签约，客户得知这个消息之后越发紧张，都想见到业主进行签约。

业主一直在国外，委托期间，我都是在电话里与业主沟通，平时的维护也没有任何差异化的服务，无论是信任度还是感情的黏合度都是不够的，无法向王店长保证这个业主一定选择我们的客户进行签约。

分析至此，客户想要得到这套房子，见到业主的顺序将起到至关重要的作用。于是我们决定接机。

查过业主告知的航班信息，墨尔本飞北京，抵达时间是北京时间凌晨1:10。王健店长、同事宋佳和我，我们三人早早赶到了现场，机场广播道："从墨尔本飞往北京的航班，D7342延误，预计到达时间凌晨3:40。"

等就对了。很多事充满阻碍，当你决定要去做的时候，办法总比困难多。

因为并不知道业主的样貌，我们用了一个最笨的方式，在一张A4纸上写下了业主的名字，举着纸，默默等待。

寒冷和困意不断袭来，时间变得缓慢，机场上不断有飞机起飞或落地，望眼欲穿中，终于等到目标航班抵达的消息。我们三人激动得不行，眼神都变得炙热起来，王健店长高举A4纸，同事宋佳也刻意地整理了自己的着装。

出口很热闹，接机的人也不少，在拥挤的人群中，只见一位先生不断看着王健店长手上的A4纸，我们上前表明身份，也确认了对方的身份，算是成功接到了业主。

从机场回来用了40分钟，记不清当时彼此交流了什么具体信息。只记得业主对我们这样的做法表示不可思议，为了谈一套房子可以等他到凌晨4点，仅是为客户争取见面沟通的机会。这样的努力让他感到惊讶且由衷感叹道："中国的中介服务做得真好。"

第二天，客户和业主得以见面。业主并没有因为我们的接机行为而对客户作出让步，即便是在价格双方达成一致的情况下，业主也没有选择收取定金，而是选择和其他中介公司沟通完毕之后，再确认和哪个客户签约。

万万没想到，之前还赞许我们是客户至上的业主，此时却要选择卖给最优出价的客户。

宋佳非常不悦，愤懑地指责业主没有选择我们。作业的过程中大抵如此，我们对业主和客户付出超额的努力和期待，一旦期待落空，容易戴着有色眼镜去加以评价。王健店长始终保持站高一线看问题，他劝说宋佳不要这样情绪化，要理解他人，我们最大的价值不是用情绪制造问题，而是帮助买卖双方解决问题。

他从合理化的角度分析了业主的行为，业主特意为售房一事回国，看中的一定不仅仅是价格，可能还包括客户的资质。办理得足够快速、省时、省心，也可能是业主看中的。虽说业主表面上是在比较，实际上有可能是在评估不同买方客户的情况，从而作出最优决策。

王健店长持续努力，通过多次沟通，全面洞察，业主再次出现在了我方的谈判桌上。客户也同意将公积金贷款改成商业贷款，这样就大幅缩短了业主在京的时间，整个流程由原来的 60 天缩短至 25 天，在两方客户出价一致的情况下，业主选择了我们。

业主表示，他已经很久没有在国内生活了，最开始认为中介公司是有利可图，才会千方百计地去搞服务，没想到我们是真心想满足买卖双方的需求。价格固然重要，但除了价格他真的希望能够遇到一个省心、省时、省力的客户和中介公司。他高度赞许了我们，说他见识到了我们的执着、专业和坚毅。

这件事情已经过去数年，那个寒冷的深夜依然萦绕于心。怎么才算对客户好？接机这种行为只是其表，维护的本质依然在于站在客户的角度思考问题，对业主而言就是帮他把房子卖掉，对客户而言就是帮他买到合适的房子，按需给予才是雪中送炭，其他的服务不过是锦上添花罢了。

从全国重点30城市场房源出售时长来看，由原来的平均70天增长到132天。这是未来的行业趋势，市场成交量处于平稳状态，对经纪人作业的要求变得更高。我们应理性化看待市场，做优质的业主维护，使得价格更趋于客户可接受的范围，从而促进成交。

"尊敬的客户您好，飞往成都的CA1417现在开始登机。"我从容地站起身来，为了明天，为了不辜负无数个明天，继续起航吧。

哼，甭想跳单

租房业务，从接到客户需求到成交，周期大概为半个月。做租赁的时候常说一句话："您什么时候需要这个房子？"这句话真的特别有效，租赁就是要抓住时机。

链家网来电，听声音是一个非常温柔的小姑娘，她的诉求是找个一居室，家电齐全，两个人住，价格不超过 2500 元 / 月。我们约好了时间看房。

约定那天，天公不作美，风呼呼地刮，将厚厚的尘土、沙石卷起，路边的树叶沙沙作响，空气里弥漫着呛人的黄沙。我再次与客户同步了时间，确定无误后跟同事说："这种情况下出来看房属于强需求、高意愿度的客户，这单稳了。"

跟客户见了面，女孩跟我想象的不一样，真人更粗犷一些。虽然业主的房子离门店只有几百米的距离，但是我们顶风走过去，鼻子里、嘴里、眼睛里都进了沙尘。

我们的目标房源是位于 4 层的一居室，业主李叔叔平时不在这里住，看房一直不方便，所以房子挂了一个多月也没有租出去。今天双方赴约前来，按照我的理解，当即成交的概率是非常大的。我们进到房间里四处打量，李叔叔在客厅坐着，他个子不高，身材消瘦，慈祥面善。客户里外看得很仔细，询问了李叔叔很多问题，比如能否给换个餐桌，李叔叔均爽快答应，大家在房子里聊得愉快。我看气氛不错，向客户提议，如果没问题大家可以去门店里签合同，把这套房子租下来，可以尽快搬过来住。

客户没有回我，转头对李叔叔说："谢谢叔叔，我们再考虑一下。"

我愣了神，不知道她是哪点不满意，便和李叔叔说："那我晚一些再给您打电话。"

我说罢关上门，匆匆下楼追过去："这房子不错呀，业主人也很好，怎么不马上签合同呢？"

"你们的中介费能便宜吗？"

"中介费是一个月的房租，我们都是不打折的。"

"你看这样好不好？一个月的中介费2500元，太多了，这单你交公司也赚不了多少钱，我给你1000元，你把业主电话号码告诉我，我们自己签约怎么样？这大风天的你也不容易。"她在走廊的拐角阴影里，伸手指着外面的天气说道。

这肯定是不行的，我义正词严地回绝了她。

"是嫌少吗？不行我给你1200元，这已经是我能给出的上限了。你要是不收这个钱，业主在家，我也是可以自己和业主签约的。我只是觉得大风天你带我看房不容易，不想让你白跑。"

"这是哪儿的话，带您看房是我的本职工作，您如果要是没看上这套房也没关系，如果您看上了这套房，肯定是要找我来签约的呀，您直接找业主签不太合适吧？"

她很不耐烦地说："我就问你一遍，1200元行不行？要么你们打折到1200元，要么我给你1200元，你把电话号码给我。

要是不行，我就一分钱不出，直接找业主自己签。"

做了两个月的租赁，从来没碰到过这种情况。言语上拉扯了几个回合，她见我不松口，推开单元门就走了。

我站在楼梯上打电话向店长求助，没人接。这个时候我最担心的就是她调头回来直接找业主，如果他们真达成一致该怎么办？思来想去，我直接上了4楼叩门。

李叔叔请我进来，笑着问："是客户要租这个房子了吗？"

我开门见山地说："不好意思，叔叔，客户是看上您家房子了，但是她想私自跟您签合同，跳过链家，这样就不需要支付我们中介费了。这样的操作不合规，没有办法保障你们双方的权益，我不建议这样做，于是拒绝了她。但是她有可能直接过来找您，我有个不情之请，您能不能不租给这个客户，她这样的行为有信用风险，别到时候您收不上租，闹得不愉快。您放心，我这边有别的客户会尽心给您推荐！"

没想到李叔叔不以为意："不会吧，我看那小胖丫头挺好的，不像是个会拖欠房租的人。"

见他随意的态度，我更着急了："可是这样跳单的行为真的很不友好啊。李叔叔，我告诉您，您要是敢和这个客户私自成交，我就堵您家锁眼！"

"哈哈哈……我活了大半辈子了，没见过一个小姑娘这么一本正经地威胁我。"李叔叔大笑起来。

实在是不知道怎么样处理当时的窘况，这样的话就是硬生生地从嘴里说了出来。说好的服务呢？说好的专业呢？怎么感觉自己像个黑中介。我顿时觉得自己说错了，赶紧向他道歉："叔叔，对不起，我不是有意的，不是威胁您，我实在是找不到什么词语来说了。这么差的天气，我带客户一套一套地看房子，可是他们不尊重我的劳动，我很生气也很无助。万一真要跟您私下签约，这样的人我真的担心以后他们找各种理由拖欠房租，您平时又不常在这里，处理事情也不方便。"

李叔叔看我又急又委屈地解释，笑得更大声。

"您看这个房子一个多月了还没租出去，这样吧，您要是把钥匙委托给我们，我一个星期内一定能帮您租出去，找个好客户多省心啊！"我尴尬到想找一个地缝钻进去。

李叔叔点点头："我把钥匙留给你，一个星期之内帮我找到合适的客户。放心吧，我不会同她私下签约的。我真的很怕你堵我家锁眼，哈哈……"

就这样，在我局促不安的时候，李叔叔大气地把钥匙交到了我手上。

房子本身就很好，又解决了看房问题，李叔叔的房子果然在一个星期之内被同事给租掉了。签完合同后，我跟李叔叔说："谢谢您的信任，我没有辜负您吧。哈哈，未来如果您还有房产需求，记得找我啊！"

后来的几年，跟李叔叔经常打交道，比如他的租户到期需要再找客户、房子出售、换房时，他都会打电话给我。每次我们聊天，我都会在电话结束前说："叔叔放心，办不成您堵我家锁眼。"

李叔叔是个有大智慧的人，我们相识的这些年，他帮助了我，也影响了我。我也在作业的过程中竭尽所能地回馈他的善意。我始终记得那天签约时他对我说的话："丫头，希望你一直可以这样直率地做事做人，不卑不亢。同时，也要注意处理问题的尺度和做事方法。"

我用力地点头。

别看他一副身材瘦弱的模样，眼神里却有无限的光芒，气场中散发出鼓舞人心的能量，试想这样一个交响乐团的老干部，在年轻的时候，怕过什么呢。

爱出者爱返

她的眼泪

谢辉和余怡是我的朋友,两人是在购房时与我结缘的。那时候他们的日子过得不像如今这般富足,他们当时签约的情景,我至今难忘。

我记得是谢辉打的电话,我们约好了看佳运园 89 平方米的两居室,那是我们第一次见面。我对谦逊朴素的他们充满了好感。

走在去看房子的路上,我详细地介绍周边商圈,交通、银行、医院、公园等生活配套,把好吃的餐厅指给他们看。能感觉到他们很喜欢我的沟通方式,也很喜欢这个商圈,我们聊得很开心。

余怡说他们在外打拼了好多年,攒了一些钱,决定要结婚了,在北京安家,双方父母都很支持,举两家之力要帮他们圆了这个心愿。

方向有了,我大概了解了他们的需求和财务状况,于是我锁定精装修、安静、有私密空间的房子。因为他们预算有限,只能锁定佳运园 2 期的两居室。只是这个小区目标户型非常紧俏,很长时间也不出房。

在无房匹配的焦虑中等待了好久,我决定静下心来细细盘查系统中的房源,还真让我找到了一套报价300万元的房子。因为这套房业主不急着卖,所以报价较高,没有被人关注到。本着试试看的态度,我联系了业主。时来运转,业主恰好近期打算换一套房子,所以有出售的意向,价格可谈。我十分欢喜,得到许可后,立即联系谢辉和余怡看房。

房子在4层,无论户型、采光还是装修,二人都非常满意,此时最大的阻碍,莫过于价格了。我和同事费了九牛二虎之力,经过多次沟通,三方坐上了谈判桌,最终业主让价11万元,同意以289万元的价格出售。

289万元,虽说业主已经释放了最大诚意,可还是超过了二人的预算,原本准备的80万元首付根本不够,这可怎么办?

加上很长时间以来的压力,余怡急哭了,她对谢辉说:"这个房子哪里都好,只是我们真没有钱买它,加上中介费需要再凑至少7万元的首付。我们去哪里找嘛!"

谢辉说:"没事没事,别着急。我再打几个电话借一借。盛丽,你也再帮我们和业主沟通一下,价格能低一点是一点。"

兵分两路,同事留在签约室和业主继续沟通,我陪着他们在外边打电话。不记得他们打了多少个电话,只见他们在不断地寒暄、借钱、写备注。半个多小时后,双方均有些进展,谢辉一点一点地借,好朋友们施以援手;业主一点一点地让,把价格降到了288万元,此时距离首付预算还差2万元。

余怡抽泣着说:"为了咱俩的事,我爸妈已经把能借的钱都借了，感觉自己太不孝顺了。"谢辉在旁边满脸愁容，紧握着她的手，一直在安慰她。业主见不得这些，耐心也被磨得所剩无几了，他站起来说家里有事，要先回去了，临走前撂下一句话："再让 5000 元，287.5 万元，不能再低了，你们再考虑一下吧。"

业主走后，余怡哭得更大声了。

我和同事想了很多办法，包括中介费打折，依然无法解决这 1 万多元的差额。

"我们不买了吧。"余怡疲惫地看着谢辉。谢辉没有作声，望向我，像在找一个支点。

我深知如果他们这次放弃了，以后会更难。对他们来说，失去的不仅是这套房子，更是宝贵的信心和他们对未来生活的美好期待。

于是我斩钉截铁地回应他们："房子是一个保值的产品，此时如果你们不买，未来就需要添更多的钱。你们是苦一辈子还是苦一阵子？1 万多元，一定有办法解决！"

谢辉眼睛一亮："过户，对，过户，你这边过户能慢点吗？"

我没有理解他的意思，他解释道："如果你们可以过户慢一些，我俩每个月有工资，这样省吃俭用两个月就能有 1 万多元了！"

他眼睛里闪烁着希望的光，像眼泪，像珍珠，很晶莹，很耀眼。

我说："没问题，交给我！时间上容易把控。你们想好了？"

他说："想好了，签！"

我说："我这就去业主家，把他请回来。"

晚上十点半，我带着他们二人的嘱托，同业主展开了最后的谈判。业主一开始并不同意，我把他们二人刚刚借钱时写备注的纸条拿给他看。2000元、5000元、8000元，那一行行借款的清单，让业主改变了心意。也许每一个人都是善良的吧，无论他们是否站在利益对立面上。成人之美之心，让他们重新坐在了一起。

合同顺利签署，直到过户那天我一直陪同他们，中间没有出现其他问题。收到房本时，余怡又哭了，她把房本抱在怀里，举着手机拍了很多照片。

半年后的一天，余怡推着一辆自行车，车筐前面立着一个长长的拖把，她一手扶车把一手扶着拖把，往家的方向走去。她远远地喊我的名字，神采奕奕地跟我打招呼。

听说，他们俩艰难地度过了大半年的时间，精打细算过日子。发工资后就先还朋友一部分钱，没有冰箱就只能顿顿尽量光盘，没有洗衣机就手洗衣服。勤劳朴素的小两口，就这样把生活越过越红火。

如今，他们的房子已经涨到了480万元。我们几个好友小聚时，余怡调侃道，当初要不是我逼他们一把，现在他们说不定还在租别人的房子，能不能留在北京，也未可知。

她哭了，不知是悲从中来还是喜极而泣，这么多年，她还是那么爱哭。谢辉还是像之前一样，在旁边紧握着她的手，他望向我，笑了。

我很羡慕他们，这也许就是田馥甄歌中写到的小幸运吧。

凡是过往,皆为序章

"唉,客户怎么这样?你对他那么好,他竟然跳单?"

"就是,就是,现在的客户真没良心。"

"你别伤心了,为这样的客户不值得。"

大家你一言我一语地评论着。是的,我被跳单了。店长说过,做中介没被跳过单,说明你没有真正从事过这个行业。

12月的北京已经冷到伸不出手,即便是羽绒服傍身,依然会冷到发抖。那天雪越下越大,店面门口停了一辆林肯轿车,下来一对夫妇,粉色的披肩搭在女士的身上格外养眼。两人一前一后进入门店,屋内暖和,先生摘下眼镜,在手里轻轻地挥了挥。女士抖了抖肩,晃掉了身上的雪。

"您好,链家地产盛丽,有什么可以帮您?"

"你们这儿有顶秀青溪的房子吗?"先生轻声问。

"顶秀青溪的房源一直不多,目前在售的房源总计十几套,基本是临地铁的。不知道您的需求是什么样的,如何称呼您呢?"

"我姓高。我们想要一个中间位置的三居室。"

"您看过顶秀青溪的房子吗?需要我给你再介绍一下吗?"

"不用,我朋友就住在那里,去过两次,对那个小区的情况比较了解,你只需要帮我找找那边的三居室就可以,要中间位置的,最好是临湖那一排。"

"好的高先生，你们先坐，稍等一下。女士，您喝温水可以吗？"

"可以的，谢谢。"女士笑着摊了摊手，白皙的皮肤，尽显高雅。

我说："顶秀青溪，中间位置目前只有两套房子在售。一套总高12层，楼层在8层的三居室，南北通透，精装；一套总高7层，有电梯，楼层在5层的三居室。价格分别是155平方米、340万元，136平方米、330万元。两套房子周末的时候都方便看，155平方米的业主是要售房之后离开北京，136平方米的业主则是想在小区里换一个上下层的复式。"

我从容地介绍着顶秀青溪的房源情况。店长每天让我们默写房源，背诵房源特点，就是为了能够流利地回复客户的询问。

"我们开了很远的车过来的，如果现在可以看，我们想现在去看看。"

我相继拨通了两位业主的电话，155平方米的业主此时在家，可以带客户去看房；136平方米的业主则不在家，等到周末才能看。

"先看看这套155平方米的房子吧。"高先生站起身来说。

"我们这儿前排高层15层还有2套三居室的房源，并且有钥匙，您看一下吗？我可以一块儿带您看看。"

"邻近地铁的就算了，那里比较吵，那边的房子不考虑，就不看了。"

雪越下越大，客户慢慢地开车载着我一起到达顶秀青溪小区门口。小区是花园园林设计，车辆、人群分离。我下车与保安沟通，他同意让客户把车停在靠近出入口的位置，我们步行走进小区。

155平方米的房子，南北通透，精装修，中式风格，户型方正。

夫妻二人看完房子之后，表示这个房子户型不错，不过装修的风格压抑了一些，提出周末再看一下那套136平方米的房子。

我回到店里和店长分析了一下，这个客户很有意向，目标明确，只要顶秀青溪中间位置的三居室房子。为了能多一些把握，我邀请店长陪同看房。

店长说周末出来看房的客户比较多，容易造成多个客户看上同一套房子，均产生意向的情况。为了避免出现竞争房源的情况，建议提前让我们的客户先看。

店长是一位有着多年经验的管理者，在他的建议下，我拨通了业主的电话，确认周五下午可以看房，于是我联系了客户，客户应允。

这套房子是3室2厅2卫，飘窗阳台，客厅里最吸睛的是有一个精美的书架镶嵌在整面墙上，北欧简约风的装修，明亮的采光，客户很满意。

回店后，我和店长仔细计算房屋的各项费用。顶秀青溪是花园式洋房，属特殊商品房，故契税无论面积大小均需要交成交价的3%，再加上成交价3%的中介费，这两项费用接近20万元，房屋整体预算接近350元。

女士面露难色："这中介费也太高了。"

店长给他们分享了安心承诺、品牌效应、超预期的服务等。

价值·爱出者爱返

客户有些心不在焉，表示需要回去考虑一下，周六下午再来聊。

周六下午约定的时间到了，客户迟迟未到，拨打客户电话无法接通。我守在门口，左右踱步，不知如何是好。

焦急中，隔壁店的房源录入人红姐打来电话："你客户看得怎么样了？我听说租售中心有人带客户要看业主的房，很有意向。你客户过来了没有？"

那时我做房产经纪人时间不长，没有太多的经验，直觉告诉我，客户喜欢这套房子，一定会来谈，所以一心想着要守住这套房给他们留着。我有些急了，让店长在门店帮我留意着客户，自己三步并作两步，跑到业主家单元门口守着，一边联系店长，一边联系客户，不知不觉，两个小时过去了。

雪又持续不断地下了起来，冻得难受，我搓着手，蹦蹦跳跳，一口一口哈着气，睫毛上都结了霜。时间一点点过去，暮色降临，我一看，距离我们约定的时间已经过去三个多小时了。店长赶来，接我回店里。

我失落地环顾四周，收起期盼准备回店，突然电话响起，是高先生打来的，我示意店长不要说话，激动地按下接听键："高先生，您到哪儿了？我就在业主家楼下，听说租售中心有人要带客户看房，我特意守在楼下看着这套房子，目前业主应该在家，没有人进出过。您快到了吗？给您打电话一直关机。"

客户在电话那端支支吾吾，并没有正面回应。

店长见状把电话接了过去："你好，高先生，我是盛丽的店长。"

"不好意思，你们的中介费一个点能签吗？"他开口说了他最想聊的话题。

店长打开免提："高先生，一个点实在是不行。咱们都谈了这么久了，我这边可以申请给您打个8.5折，您看这大雪天，我们也不容易，盛丽在业主楼下等了您三个多小时，生怕房子被别人定了。"

高先生沉默半晌，说："你们的中介费太高了，我们真的无法选择，你们回去吧，不好意思。"说罢挂了电话。我回拨，提示电话已关机。

店长很生气地说："走吧，小傻子，咱们回去吧，你的客户要跳单。他们应该就在房子里，可能是看到你一直在楼下，没办法才打的这个电话。"

跳单？没经历过，我也不懂。客户看上去那么贵气，文质彬彬，气度不凡，怎么可能跳单呢？我对店长的判断表示质疑。

"傻丫头，人不可貌相，客户会作出什么选择，也不是我们想得出来的。你在这儿等也是徒劳。你不走他们就无法下楼。这一下午你守着门，他怕你耽误事，天又冷，也怕你冻坏，才会打这个电话的。"

"我不信客户不选择我，我不相信客户是你说的那样人，我相信每一个客户都是善良的。"我争辩道。

"唉，你太年轻了，这样，你跟我一起到楼的侧面去，让客户看到你离开，他们就会从房子里面出来了。"

我赌气地跟店长移步到楼的侧面。不承想，不到五分钟，就远远瞥见了那印象深刻的粉色披肩。随着她一起出来的，除了高先生，还有租售中心的两位经纪人，他们一行四人很快消失在雪地里，只留下一串陌生的脚印。

那一刻击溃了我所有的笃定。黑色的夜有千斤之重，压在我的头上，压在我的心上，沉重得使我一句话也说不出来。

回店的路上，店长一边责备客户，一边宽慰我，他说了一堆体贴的话，而我一个字也记不得了。温度的上升让已经冻红的双手变得刺痛，我感受到寒冷，感受到背叛，感受到不被尊重。以前那种客户不买的失落、谈判不成功的懊恼，都不及此时被跳单的锥心之痛，它甚至可以让你怀疑自己、怀疑这个行业、怀疑人性。

我颤抖地拿出手机，任泪水打湿脸颊，给高先生发了长长的短信，告知他我已经知道他找了别的中介，问他我哪里做得不好，是因为我太笨了吗？

我没有等到他的回复，我在不断的忙碌中企图忘掉这件事，毕竟时间是治愈伤痛的良药。

哪里有努力，哪里就有回响。后来，我遇到了很多客户和业主，他们都给了我极大的认可和鼓励，于是那些不愉快的事情逐渐淡忘，重拾自信，直到春暖花开。

日复一日，新的春天注入新的活力，我依旧带着客户来往于各个小区，时常会经过那个被跳单的客户的楼下。生活有时候会拿苦痛跟你开玩笑，那一次，我一转头，再次碰到了高先生。

我以为自己早已释怀，但那一刻，一丝难过涌上心头。我告诉自己不要退缩，不要胆怯，勇敢地面对他，面对过去的自己。

于是我热情地与他打招呼:"高先生好!"此时的高先生,已无以往的风采,他愣了一下,眼神躲闪,匆匆回答:"你好,你好。"

也算是上天眷顾吧,正是那一天,我成功地签署了一套顶秀青溪的三居室。更让人意想不到的是,当天晚上我接到了高先生的信息:"对不起,当初没有选你!"

看到短信的一瞬间,我内心五味杂陈,骄傲地哭了,也许是真正的释怀吧。我没有回复他,只是对着屏幕说了声:"没关系的。你不选我,我也很好。"

是啊,没关系的,凡是过往,皆为序章。

最温暖的生日

对大多数从业者来说，换门店作业是常态。每次换新门店后，熟悉商圈是第一要务，最好的办法就是走进社区、走近业主。

那天我与立冬一起正在嘉诚花园社区开发业务，看到一对老两口从菜市场买菜回来，阿姨拎着瓜果蔬菜，叔叔拎着米面粮油，老两口行动不便，步履蹒跚。我和立冬见状，不约而同地走到他们身边，示意可以帮他们把东西送到家。

叔叔眉头紧皱，摇了摇头。

正当我们转身要离开时，叔叔不知道是被绊了一下还是脚没踩实，手里的东西一下就散了，地面是倾斜的，油桶顺着坡滚了下去。立冬三步并作两步，追过去把油桶捡了回来，指了指自己的工装，说明我们是附近链家的经纪人，并对两位老人说："给您送到门口我们就回去，这东西有点多，您二位拿着也不方便。我们还年轻，给您帮个忙，不求您感谢。"

客套一番之后，他们同意了，我和立冬接过叔叔阿姨手中的东西，帮他们拿回了家。临走时告诉叔叔阿姨，我们门店就在小区南门，以后有什么事情随时可以找我们。

后来常看见他们下楼遛弯，我每次都跟他们打招呼，阿姨很热情，叔叔有点冷漠，但架不住时间长，一来二去就熟了，阿姨还和我互留了联系方式。她很喜欢我的名字，说"盛丽（胜利），特好记"。

远亲不如近邻,更何况老人心善,容易相信别人。

叔叔阿姨两个人在昌平,儿女在平谷,相距2个多小时的车程,平时两三个月过来看望一次。小区挨着东小口森林公园,邻里邻居又都是老朋友,虽然儿女也叫他们过去,但他们在这里住惯了,还是选择待在这里,生活过得简单舒坦。

夏秋之际,雨下得天气更凉了些。

链家提供免费借雨伞服务,周边的居民都知道。那天下雨,我在店里恰好看见叔叔来借伞。感觉他很疲惫,头发被打湿了,脸色也很苍白,就给他接了一杯热水,让他喝点暖暖身子。看他的样子,似乎是有点着凉,我从抽屉里拿了对症的药放在他手边。

"张叔,刚买的,中成药,预防感冒,您吃两片。"

他低头看了一眼:"没事,不吃。"

这倔老头,太了解他了,不严肃点听不进去。

"快把药吃了!您要是生病了,最遭罪的就是阿姨了。老人一般抵抗力比较差,生病不吃药不容易好。如果您的儿女在身边,也希望您尽快把病治好。"

他把药放到嘴里一口水喝下去,站起身来:"他们才不会这么想。你阿姨不遭罪就行。走了,改天再来。"

他拄着伞柄站起来,径直出了门。

晚上8点,店里开完夕会,好多同事陆陆续续地离开门店。我和立冬值班,看表还有半小时关店。此时电话响了,阿姨的电话。

"是盛丽吗?"她带着哭腔。

这么晚了，有啥事，不会是我给张叔吃的药不对症，有什么问题吧？

我慌张地应答，虚惊一场。原来今天是张叔的生日，儿女本来答应回来的，因为下雨就改了时间，说过两天再来。叔叔生气，晚饭也不吃了，加上下午淋雨，本来就身体不太好，胃病犯了。阿姨出来不方便，请我代买胃药。

得知这样的信息，我和立冬决定分头行动。我们披上外套，带上雨伞，关店出门。立冬去药店买药，我去蛋糕店给张叔买蛋糕。

因为时间比较晚，很多蛋糕店都关门了，一家，两家，三家……功夫不负有心人，我按照地图上的位置跑了十几个地方，最终在距离门店 3 千米外的一个蛋糕店买到了一个 6 寸蛋糕。那边立冬也成功买到了药，我们相约在张叔家楼下见。

敲开门，阿姨看到我们身上都湿了，头上滴着水，有些狼狈，热情地邀请我跟立冬进屋。张叔闻声也从房间里走了出来。

"张叔，年年有今日，岁岁有今朝，祝您生日快乐！"我揭开手里捧着的蛋糕上面盖着的衣服。

张叔愣了一下，然后示意我们坐下，接着转过身去哽咽着，阿姨也在一旁小声抽泣，气氛一度尴尬起来。

还是立冬会解难题："张叔，先把药吃了，阿姨还不给我们切蛋糕吗？我们都饿了，沾个叔叔的光呗。"

气氛变得融洽。张叔自顾自吃了药，我们一起拆了蛋糕，阿姨做了几碗面，把之前做好的菜热了热出锅，大家围坐在桌子旁。

立冬说："蛋糕是大哥让买的，今天平谷的雨下得比较大，过来不安全，让我们顺便给您送过来，过几天他们就会来给您补过这个生日了，他们心里都有您。"

就这样我们4个人，在轻松愉悦的环境下一边唠嗑一边吃完了饭。

"老胳膊老腿，一到雨雪天就难受。可今天却是我过得最温暖的一个生日，又是送药又是送蛋糕。不管是不是有人托付你们去买，今天叔叔感谢的是你们，真心地感谢你们。"

离开张叔的家，我跟立冬各自撑伞并肩而行，相视一眼，谁也没有说话，想必他跟我一样，内心被张叔的话激励着。

老左常说，我们做每件事都要思考的是：这个行业有我们和没有我们到底有什么不一样？也许，这样的场景给了我们答案。一个普通而平凡的举动让我们与叔叔阿姨相识；本着远亲不如近邻的态度，与叔叔阿姨相知。真心付出的陪伴，让我们彼此因爱而温暖。

日子像飞轮一样旋转，在以后的日子里，叔叔阿姨到门店坐一坐聊聊天已成为习惯，阿姨若是哪天有心情做一碗拿手的打卤面，会拉着我们一起去饱餐一顿。

"是链家地产盛丽吗？我是嘉诚张叔叔介绍的，我有一个房子想要卖，你来帮我登记吧……"

"盛丽，和我一起经常下棋的老王头儿，他儿子想要在附近买套房子，你明天到家里来，我给你们介绍一下……"

新门店的工作开展得越来越顺利，张叔带来的转介绍与日俱增，嘉诚花园社区更多的人认识了我们，我们也顺理成章成了嘉诚花园的社区专家，成了业主口中的好邻居。门店时刻洋溢着邻里般的温暖，迎来送往，成为那寒冷冬夜里的一抹光，照亮别人，也照亮自己。

不久之后，因为组织调动，我又换了新的门店，抛开了众多的不舍，向叔叔阿姨们道别，向未来前进，向一个又一个新的任务发起挑战。

作为房产经纪人，撮合双方达成交易的确是我们的本职工作，在没有客户的时候走出去，在不了解商圈的时候深入社区，社区的每个成员都是维护的对象，满怀热情，释放善意，差异化服务和维护，客户只要有需求自然会想到你。

立足于社区是我们生存的基础，不求回报，和大家做朋友，你会得到更多的委托与转介绍，坚持对客户好，收益会远远大于付出。

十载春秋已过，再见到他俩的时候，大家依然还会提起那个雨天。我们点上蜡烛，唱着生日歌切蛋糕，端着热乎乎的面。

我问："有蒜吗？"

阿姨说："有啊！"

我说："能给我来一瓣吗？吃面要配蒜，不然没有灵魂。"

"哈哈哈……"

这个行业有我们和没有我们到底有什么区别？这个行业值得我们去努力吗？我们会为自己的工作骄傲吗？也许，诸如叔叔阿姨，我们所遇到的这些千千万万可爱的人会给我们答案。

百善孝为先

坐地铁 13 号线上班，路过立水桥明天第一城 1 号院的时候，恍然间想起王阿姨从美国给我带回来的那盒巧克力。

王阿姨和我相识得很早，是我做租赁时居住在北七家的业主。客户约阿姨到门店谈合同的时候，是我第一次见到她。六十几岁，骑电动车风驰电掣的，嗖的一声就能刹停，那反应力不输给二十几岁的年轻人，开口便知她是老北京人，性格也"局气"得很。

阿姨的房子从签约到客户续住一晃就过去了三年，第三年她要从北七家搬回到立水桥，与她一同搬家的除老伴李叔之外，还有她 87 岁的母亲。

一次带看嘉诚花园小区的房源时，碰到了阿姨很吃力地搀扶着奶奶走路，上前询问得知原本身体健康的奶奶，患脑梗后有了后遗症。房子在 4 层，上下楼很困难，李叔心脏不太好，也不便帮忙。老人总在房子里躺着可不行，王阿姨坚持天气好的时候带奶奶下来晒晒太阳，走动一下。

奶奶冲着我笑了笑，那笑容比阳光要温暖许多。我的爸妈和长辈们都不在身边，那一抹微笑让我动容。从那天起，只要店里不忙且天气好时，我都会联系王阿姨，帮搀奶奶上下楼。一来二去，彼此就熟络起来，奶奶的精气神也日渐好转。

有一天，我们在小区的广场上推着奶奶遛弯。阿姨说，近一段时间她感觉自己的身体有些力不从心，随着年龄的增长担心将来照顾不了奶奶，为了方便，想买一个低楼层的房子，可手里钱不够，所以最近她在说服她的兄弟姐妹每个人都出一点钱。钱不白出，奶奶百年之后把房子卖掉，再把钱还给大家。

我打听到阿姨是家中的老大，下面有两个弟弟、两个妹妹。弟弟妹妹均找了各种理由，不跟老人住在一起，阿姨就独自承担了赡养母亲的重任。另外，她之前北七家那套房子出售后，只留了一点备用的钱，大部分供女儿出国用了，所以，如果现在换房，资金上很不宽裕，而且她这个年纪，已经超过了贷款的年龄限制。所以当下只能以兄弟姐妹分摊出资的方式来筹措资金。

听明白了阿姨的诉求：一层，南向一居室，不要电梯。5家凑钱全款购房，分摊出钱，预算少。我暗自下决心，一定要帮她找到合适的房源。

那段时间说来也怪，我忙前忙后4个多月，房子看了一套又一套，不知是他们购房的意愿不够，还是我找的房源真的不适合，始终没有帮阿姨找到合适的房子，系统里她的带看记录已经多达二十几次。

这么带看下去也不是办法，对于双方来说都是消耗，必须深入了解一下原因才行。一次陪奶奶遛弯时，我建议阿姨把弟弟妹妹们约出来一起聊聊，我们一起进行一次深度沟通，阿姨同意了。

一场没有业主的谈判在我们约定的店面举行。直到5方决策人同时出现在谈判桌上，我才忽然明白了事情的症结所在。一屋子十几个人，意味着他们要同时看好一个房子，包括这个房子未来的升值空间，大家才有谈拢出资的可能。

交流的过程，比想象的还艰难。3个多小时过去了，针锋相对的气氛都没有缓和下来。其实这种家庭矛盾，作为中介公司的我们很难介入，也不应该多嘴。只能提供场地，给予一些相应的信息和策略。这场家庭聚会一直进行到傍晚，谈判终于达成了一致。我为阿姨提供了纸和笔，她和叔叔以借款人的身份，笨拙地，一笔一笔地写下了欠款金额和他们老两口的名字。

不敢想象如果奶奶看到这一幕，会作何感想。慈乌尚反哺，羔羊犹跪足。人不孝其亲，不如草与木。

过了很多天，有了这些借款，明显能感觉到叔叔阿姨的状态好多了，积极看房，没有干扰，毕竟现在决策人只剩他们自己了。我们把楼盘选择空间也扩大到了方圆5千米左右的商圈。

在此期间，奶奶的身体一天不如一天，天气好的时候，她也无法下楼了。我十分焦急，加快了帮他们找房的节奏，从在售房源开始转向租赁房源。

我们联系到了一个户型适合的在租房源业主，多次拜访，业主也没有同意。几经周折知道佳运园店的李店长和这个业主颇有渊源的时候，我登门把王阿姨家的情况和李店长作了详细说明，请求他帮忙劝说业主，并且承诺如果业主同意房子出售，我们不要业绩，只为帮客户买到合适的房子。

经过几次和业主的沟通与市场分析，业主同意出售，给出了高于当时市场行情2万元的报价。我及时把这套房源信息告诉了阿姨，不多一会儿，就看到了阿姨骑着电动车风驰电掣地出现在店门口。"就这套,约签!"她高兴地冲我喊。

确认了,这就是她想要的房子,我一定要帮她搞定。

因为担心业主临时调价,在约双方见面前,我又将阿姨家里的事情给业主讲了一遍。业主从事法务工作,他处理过很多类似的案件,老北京拆迁户,容易出现兄弟姐妹之间因拆迁分配财产而导致的家庭纠纷,有的最后对簿公堂。阿姨宽容大气地处理问题并主动承担赡养老人的责任,让他很动容。于是双方很顺利地签署了合同。

我们陪着叔叔阿姨很快过完了户,叔叔拿到写着自己名字的大红本时,轻声对阿姨说:"这回你可以放心了。"

买完房子半年后,奶奶安详地走了。阿姨心力交瘁,照顾奶奶的这些时日,身心疲惫,她出国去了女儿所在的地方,治病疗养。此后很长的一段时间,我都没有再见到他们。只能从零星的回忆中想到我们一起在广场上晒太阳的样子,回忆起初见奶奶时她慈祥的笑容。

再次见面时,先入耳的还是那一声熟悉的刹车声。她消瘦了不少,但精神矍铄。她对我说,女儿很孝顺,这一年她过得不错。

她从车筐里拿出一盒礼物,声称这是美国最好吃的巧克力,说初尝时苦,但细细一品,甜着呢。

我回家后认真尝了尝,一瞬间,很多故事和画面泉涌,百感交集。果然是初尝时苦,但细细一品,甜着呢。

地铁呼啸,将我的思绪从巧克力的甘甜里拉了回来,当时65万元买下的一居室,如今涨了不少。那30万元的欠条,阿姨早就不用愁了吧。

微　　光

做经纪人那会儿，早会结束后就经常被店长吆喝着去开发房客源，门店附近的早市是人最多的地方，成了我们的必去之处。

我们拿着一堆传单派发，多数人是拒绝的，接受者寥寥无几。驱使我认真做这件事的动力，除要让自己保持更好的状态以外，坚信更多曝光即有更多机会是我做事的底层逻辑。

那天像往常一样，我在早市口热情地招呼着。一个满头白发的叔叔推着老式的二八自行车从我身边路过，他身材瘦弱但精神尚佳，我们对视了一眼，我赶紧把一份派报放到了他的车筐里。

"叔叔，这有好房出售，可以了解一下。"

他没有回应，助力两下蹬着自行车快速离开了，同事见状说："浪费一张纸，这样的老头儿能买得起房？"

我笑了笑，不作解释。

早市忙完，又要忙社区开发了。

社区开发一无所获的时候很多，内心平和、不抱期待的状态是最适宜的。这件事最大的益处是，长期驻守在一个地方，街道两旁的商贩，来往的住户、物业和保安，都能混个脸熟。偶尔给他们买瓶水、递包烟，很多难进的小区就能刷脸进去了。

社区开发前，我会把附近小区的房源钥匙全拿上，为及时带看做充分的准备。

那天在一个社区开发时,一辆老式自行车从我身边经过,然后停下。我抬头一看,竟是那个叔叔,于是赶紧站起身递上名片。叔叔接过名片,说:"盛丽,名字不错,上次你发的那个单子上有个叠拼,还在售吗?"

"在售,这房子没有电梯,您上楼会不会不方便?"我询问这个问题,是想知道谁来居住。

叔叔说是要给女儿居住,问我能不能看看房。我晃着手中大串的钥匙,带着叔叔来到了单元门口,一边聊着家常一边上楼。

这是套毛坯的房子,除户型以外没有看点,可介绍的内容不多,加之我对这个房子的了解和对叔叔财力的猜测,他应该没有能力购买这套房子。于是我打开门之后,就让他随便看看。

叔叔在屋里四处转转,我觉得有点闷,也有异味,就去打开窗户。

他也跟着我来到窗边:"楼层高,有点闷,不过这一通风就舒服多了。"

看完房,关好窗户,我们一起下楼,我问叔叔住在哪儿,如果是附近小区的话,有什么事都可以找我帮忙。叔叔表达了谢意,指了指不远处的单元,说他住在一层。

回店后,我立刻把今天的经历告诉了那位和我一起在早市派报的同事,她惊掉下巴,我俩得出了一致的结论:你大爷永远是你大爷。

几天之后,并没有等来叔叔,倒是他的女儿打来电话,我们复看了房子。她留着短发,成熟干练,不苟言笑,看起来不太容易亲近。我小心谨慎地回答了她的一些提问，生怕出错。

她是一个非常冷静、理性、果断的人，气场强大。我跟她之间的交流，不仅受限于她强大的气场，更主要的原因是，这是我从租赁转二手业务三个月以来，第一次接触这么大的单子，能力、经验等各个方面都有不足，所以请了店长协助全程。

流程推动中，价格双方谈得比较顺利，可是在临门一脚，涉及中介费时被她驳回了："你们这个中介费太贵了，附近有些中介只收1个点，你们就带看了一套房子，也按1个点收吧，不然免谈。"

店长从后续服务上耐心作引导，她依然没有任何让步的迹象："我们都是一个小区的业主，我去物业就能拿到业主的电话，可以自行成交，也可以通过其他公司成交，交易没那么复杂，其他服务我也不需要。"

那天现场很尴尬，她和业主相继离开，打印好的合同铺了一桌子，一个字没签。

我非常难过，不知道是不是因为没有提前说明费用问题而产生了交易阻力。之前自信地认为，链家的口碑和信用早就在客户的心中植入，产生了影响力，谁还不知道我们收3%的中介费呢。

店长和同事都来安慰我，了解到购房款中叔叔出了大部分钱，他们提议让我找叔叔沟通一下，看有没有突破口。

叔叔听了我们的复述，接受了我们的道歉，他说其实中介费不是大问题，症结不在这里，是家庭的原因。叔叔和自己的爱人分开很久了，这事女儿耿耿于怀，有了心结。现在女儿不想住他附近，也不愿意花他这么多钱。只是他觉得，现在自己退休了，闲来无事，如果能住得近一点，可以照顾到女儿的生活。

至于房子，首先女儿现在是刚需，另外这个房型他们早在开盘的时候就看过样板间，他知道女儿喜欢这种挑空的复式。所以，他请我们也帮忙劝一下他女儿。

多次登门拜访，了解了很多他们过去的故事，知道了前因后果，我们更加理解他们的选择和他们父女之间的牵绊。

就中介费没有提前说明等问题，我给叔叔的女儿郑重地道歉，可她之后依然不愿意接电话。我便通过短信，时不时地发一些问候，说说房子近期的带看情况、链家的服务承诺，以及叔叔对于她的惦记和在意。时间久了，她看到便回个"谢谢"。

后来，在我们多方不懈的努力下，半年后这套房子最终还是成交了。可能是客户是需要这个房子的，也可能是我们中介费给打了折，或者是他们父女之间没有什么真正的隔阂。

成交当天，叔叔和他的女儿在我们店里聊了很多，他们还像往常一样，你能明显察觉出，相处时彼此有些拘束，但充满了理解、关怀与爱。

之后，我在这个社区经常看到叔叔一个人骑着那熟悉的二八自行车，在小区里穿梭，也会不经意间遇到叔叔和他的女儿相伴遛弯、买菜。在父亲面前，她没有了往日的严肃与不苟言笑，连头发都蓄得更长了些。

夜幕降临，万家灯火。我朝着小区的方向望去，隐约看到

45°方向，两盏灯相邻为伴，照亮着对方。这微光照亮了他们，也照亮了我前行的路。

不以衣衫论人，是这场交易给我上的第一课。

第二课，便是这因爱而升起的微光。

真人不露相

顶秀青溪是高端小区,一个业主为了客户看房方便,把钥匙放在我们店 3 个月有余。这套房子是挑高的复式,80 平方米的房子 460 万元,虽然使用面积有 120 多平方米,但是房本面积小,贷不了太多款。门店聚焦了很久都没有卖出去,业主和维护人都很头痛。

一天,门店里来了一对夫妻。男士穿着一双人字拖,大短裤,灰色的半袖,肩上背着一个蓝色的布袋子。女士短发,戴眼镜,身穿灰色麻布连衣裙,也穿了一双拖鞋。两个人看上去大抵是三十出头的年纪。

两个同事和我一起值班,他们见夫妻二人过于朴素,也就没有那么上心。见无人行动,我就主动迎上前去。简单沟通了一下,夫妻二人没有什么目标,说只是想随便看看,了解下行情。我按照自己的理解,给他们匹配了一些适合他们的房子,他们都没有兴趣。其间一直都是男士开口,女士默不作声。

在我的印象里,这样的客户往往是弹性很大的客户,便试探性地给他们推荐了那套挑高的复式。

"80 平方米、460 万元,为什么这个房子这么贵?"女士开口询问,感觉有些兴趣。于是我便把房子的详情给他们作了介绍,得知他们回家刚好顺路的时候,我顺势邀请他们看房。

到了小区门口，我在安保亭旁大叫了一声："哥。"里面的人探探头，便帮我把门打开了。女士很惊讶，质疑高端小区管理如此宽松。

我说："女士，这个小区是北京北五环立水桥最好的园林式小区，独一无二，管理非常严，只不过我跟他们太熟了，礼尚往来，大家建立了信任关系，办事也就方便很多。我向他们保证一不投放广告，二不乱走动，三出门补签到。我在这个小区售房一年多了，从来没有越界，认真照做，每一次带客户看完之后都会回来登记，正是因为有这样的信任关系，咱们才得以顺利进出小区，若换成其他中介或者其他人，可能就没有这样的待遇了。"

女士微微点头，将信将疑。

夫妻二人看房半个小时，没发表什么想法。鉴于此，我不着急推荐，给他们描绘了一下入驻感受："2楼的两间卧室私密性很强，空间感十足，互不干扰是它的最大价值。可以在天窗下做一个榻榻米，躺在那里静静地看星空。楼下大阳台可以放两把摇椅，坐在那里吹吹风、喝喝茶，看看小区的园林景色。这个房子，在繁华的城市里闹中取静，非常惬意。"

他们似乎并没有被我讲的内容打动，看完房之后没有约下次行程，我们便各自散去。同事问我看房的结果，我只能说，为时尚早。因为没有任何进展，同事们直接给了否定的答案。

"你看看他们的样子，像是能出得起400多万元的人吗？"

不悲观也不过于乐观，是对待成交最好的态度。傍晚时分，回访拨通了客户的电话，他们没有表达好恶，只说下周再过来看看。

在接下来半个多月的时间里，我珍惜他们每次赴约的机会，带着他们看了很多房，也包含这套房的复看。其实这套房他们复看时研究了很久，四处丈量。虽然没有表达出好恶，但我隐约感觉，综合比对，这套房子他们比较喜欢。之所以没有表态，可能是在等一个契机。

我正愁无从推进的时候，维护人带来了一个好消息：业主降价10万元，而且还有可谈空间，我以此为契机，赶紧把这个信息告诉给夫妻二人。

没有大量的咨询，没有深度的需求挖掘，在几乎没有成交预兆的前提下，机会就这样出现了，他们让我约业主见面。

双方聊得愉快，成功签署买卖合同。当问及贷款等相关资质时，得知夫妻二人都是我国顶级学府的老师，女士更是学校最年轻的教授之一，是北京学术界的有生力量。果然，真人不露相。

这套房子过户2个月后，接到了女士的电话，请我帮忙出租她现有的一处闲置房产。后来，随着我们长时间在房产方面的接触，我才了解到他们家在附近有3套房。

同事们说我这单签得轻巧，多半是运气。我也这么觉得。

不过，我还是要在这好运里认真复盘。如果我们在签单之路上能够认真地接待每一位客户，不放弃任何一个机会，远离负能量的人，不在背后评价客户，不带主观色彩，不以貌取人，不只敬衣衫不敬人，是不是好运会变得更多？

时间不语，却回答了所有问题。

8000元"补习班"

因为工作关系我去过许多地方,大都是在酒店、会场之间穿梭,很多朋友说,何不到处去转转,看看这些城市的美。听人劝吃饱饭,后来我每逢出差,就多了项任务,会到当地城市的各个品牌中介公司"探店",洞察门店里的"丑与美"。

9月,树叶渐黄,夏已过,秋意浓,我应邀去佛山讲课。这是第一次去佛山,因此对此次行程满怀期待。

天微亮,从北京出发,3个小时的早班机,落地没有一丝困意。到酒店放下行李,对接好接下来的工作后,我出门了。

轻快地走到街上,四处张望,熟悉下环境,探询着房产中介的门店。附近有条百米长的街道,各类门店密密麻麻,摊位上的小商品琳琅满目,早餐店里的叫卖声不绝于耳,门庭若市,烟火气伴着美食的香气随着阵阵风扑面而来。我一路闲逛走到街角,人越来越少,一家挂着红色牌匾的德佑地产映入我的眼帘。

就是你了!我整理了一下衣服,走到门口,里面有点吵,隐约听到一个女孩的声音:"他什么都没干,我凭什么分他业绩?"

我推门进去,一个女孩和一个年长一些的男人面对面站着,看得出来,女孩很气愤。

男人看到我进门,瞬时调整了状态,来到我身边询问有没有需要帮助的地方,综合素质看起来应该是店长。在表明要在附近看一套二手房时，他示意女孩接待我。与女孩简单沟通了需求，她为我推荐了两套相对"合适"的房源。现场气氛略显沉重，我想跟她出去走走，随即同意了她的带看请求。

一路上，她有一搭没一搭自顾自说着房源的信息，我能察觉出她还在情绪里没有出来，其实根据刚刚隐约听到的几句对话，以我的职业直觉大概能猜到发生了什么。在好奇心驱使下，我轻轻地询问刚刚的场景，没承想，女孩一股脑把委屈都说了出来。

和我猜想的一样，牵扯到的是分佣（业绩分边）问题。

门店规定，新入行经纪人的师父会拿带教的提佣。但女孩的师父在带教上有些失责，工作上喜欢独来独往、我行我素，并没有给到女孩什么实质性的支持帮扶。该次交易遇到的问题很多，女孩通宵达旦劳心劳神终于成交，师父在其中没有出力，置身事外，袖手旁观。但按规定，女孩该次的业绩要分给他一些。女孩为此愤懑不平。

一番思量后，我向她表明了自己的身份。该怎么宽慰她呢？我们边走边聊，我给她分享了一段往事：

"一个20多岁的小姑娘刚入行房产经纪3个多月，做租赁。由于业绩突出，店长让她转做二手买卖，一是可以增加业绩，二是承接更大的任务会得到更好的锻炼。对于她来说，一切从头开始，未知世界充满挑战与机遇。

"努力的新人仿佛会有不期而遇的好运。那次她在门店接待了一位单身女士，挖掘需求、匹配房源、陪同看房一气呵成。一套总价36.5万元的小房子，客户痛快决策，当天成交。

"如果问做租赁业务和二手买卖业务对于经纪人来说最大的区别是什么,那答案应该是服务时长吧。租赁当即成交的情况很多,二手房交易这样的情况就不会太多。

"二手买卖业务,签署合同才是服务的开始。第一次面临后续的烦琐流程,她显得束手无策。这时门店里的'老江湖'梁姐抛出了橄榄枝,提出合作,前提是要分50%的业绩,大概8000元。

"小姑娘早就知道这是一个非常有爱、讲究合作的公司,现在自己处于二手交易的小白环节,若此单后续流程有梁姐协助,那势必顺利,也能学到很多,分出这点业绩相当于交了学费,值得。于是一拍即合,达成共识。

"令人意想不到的是,跟进过程并不是很顺利,现实和预期总是充满了差距。后续流程复杂烦琐,这无可厚非,但若是人的原因造成的,那就值得思考一下了。

"声称合作分边的梁姐,从贷款到过户,仅是以陪同身份出现,不跟客户沟通,不提示女孩接下来的任务,甚至过户这么关键的环节竟以自己没时间为由,没有出现在现场。

"过户当天的流程是先交税,再过户。交税和过户是两个地方,因路线不熟,方向感不强,小姑娘带着客户走错路。不仅如此,因对过户流程和材料掌握不牢,忘记叮嘱业主携带购房发票等相关证件,导致业主回去取,严重耽误了双方时间,业主、客户非常不悦。她内心很无助,强忍泪水,一边忙碌奔走,一边赔礼道歉。在过户大厅即将下班的前一秒钟,客户才拿到了房本。

"她多么希望此时能听到一声'谢谢',可耽误了客户一整天时间，客户拿到房本后满脸不悦，头也不回，拂袖而去。

"那一瞬间击溃了她的心理防线，一肚子的委屈和压力释放开来。她蹲在交易大厅外的墙边哭了一场，路人行色匆匆，没有人来关心她，她感受到这个城市的冷漠，生出辞职的念想。"

我讲得很认真。

她问："这个女孩最后走了吗？我的师父倒不至于这样，不过我讨厌和不劳而获的同事合作。打着精明的小算盘，何必呢。"

我说："她留下了，干得也不错，知耻而后勇，8个月后，她也当师父了，教了新人很多二手房买卖的知识和经验，因为不求回报的合作意识，获得越来越多同事的认可，因为专业，获得一个又一个的客户转介绍，业绩出众，很快就升任了店经理。一年后她又做到了区域经理，管理着5家门店、147个人。梁姐的那套速成业绩的方法论没有了用武之地，很快就离开了这个行业。而在她所负责的区域，师徒传承这项工作无论是业绩还是服务品质，都一如既往，类似梁姐这样的师父再也没有出现过。

"要问她那个阶段最大的收获是什么，她说，当初花的这8000元学费，值了。"

女孩听完，突然反应过来，瞪大眼睛说："你说的这个小姑娘，是你，对吗？"

女孩眼中燃起的期待让昏暗的光线变得明亮。

我点点头，回应了她眼中的光。

我说："我回去后本想向店长提出辞职，进屋走进谈判间的那一刻，听到梁姐在外面谈笑风生，满不在意，那颐指气使的放肆模样，让我感到有一丝挑战的乐趣。我就站在外面把挂在嘴边的话咽了下去，跟店长聊了聊此次签单的收获，充分肯定了梁姐在此次交易中的价值。你可以一走了之，世界不会因为你的委屈而变得不同。你可以一走了之，世界不会因为你的逃避而心生怜惜。不管你走到哪里，这样的事情都会一次次地经历、一遍遍地上演。人的内心不种满鲜花就会长满杂草，最好的回应，是不依赖，是超越，是做对的事去影响环境和他人。"

有人的地方就有江湖，逃避就是拿别人的错误惩罚自己。有些时候我们不适应所在的环境，不喜欢自己的上级，不喜欢个别同事，不甘于单调且重复的工作。那又怎么样？生活还是生活，工作还是工作，你还是你。逃兵买不到生活的入场券，不要成为你讨厌的人。

直面困难向上生长，你才是自己疲惫生活中的希望与糖。

她说："你出差讲课间隙，咋还来暗访呢，这么辛苦，我带你去周边遛达一下吧。"

我说："虽说我不想承认，但是，我爱这个行业啊。"

潜在客户

天气糟糕不利于约看、到访，每逢遇到下雨还出来看房的客户，我们都称之为真爱。这样的客户有较高的确定性，因为大家对一件事的认真态度，往往取决于他的需求程度。

有一天，下着大雨，除了来借伞的，店内几乎没有客户。不找点事做，一天就在茫茫中度过了。同事打破了沉寂，提议一起去踩踩盘，看看最近出的新房。我看了看新房的位置，一口答应。

在大城市里，通常新房位置都比较远，只有对楼盘足够熟悉，才能给客户更适合的建议。而熟悉的要点，首先是路线体验，因路线不顺畅产生任何问题，都会成为客户拒绝选择该楼盘的原因。

新房和二手房最大的不同，在于未来的不确定性。现房摸得着看得到，而新房要靠经纪人掌握足够多的信息，靠客户充满想象力和决策力才有促成交易的可能。

我和店里三个同事一起，坐车从北五环去往河北香河的五矿万科。中午没那么堵车，90分钟我们便到了目的地。

进到售楼处，听项目讲解。售楼处建筑宏伟，从外围到内部配置，设计推陈出新，体现了大开发商的底蕴。

接着我们参观了样板间，这个楼盘主打70平方米的小两居，当时的政策是首套首付20%，开发商送精装修，特别适合小户型刚需的客户"上车"。两个同事手上都有客户,便把对应的资料同步过去。我没有客户,便发个微信朋友圈广而告之,也算是工作日志。

朋友圈原文如下:

[15万元入住万科,享受品质生活]实地看房感受:

1. 交通便利——四方桥上京哈高速到香河出口出,35分钟到小区!

2. 户型经典——70平方米、75平方米、77平方米经典小两居,88平方米、93平方米小三居!

3. 品质保证,央企五矿+万科+链家,住优质房屋,享优质服务!

4. 价格优惠——6900元/平方米起,现在认购可享2万元抵5万元优惠,全款更享95%优惠!

5. 房源充裕——链家独家代理好楼栋好户型,让您优先选择!

6. 环境宜居——千亩之城,一生之城。科学的规划、完整的配套让您生活无忧!

链家24小时订购专线××××××××

发完朋友圈,我觉得还缺点什么,于是就在路上,按照列表中客户分类,把相对匹配的客户触达了一遍。不要判断他们需不需要,不要替客户作决策,让自己维护的客户多了解点信息,比什么都不做,要好得多。

我本没抱什么期待,过了好一会儿,突然收到了消息提醒。好久不见的朋友小鱼发信息给我说,这个盘就在他家附近,想抽空去看看。

我们顺利回京,同事们这一路触达,收获颇丰,含我在内,大家共预约了4个客户带看。我们商议约客户在同一时间带看,接着策划细节,做好分工,并在项目点安排了两个讲解能力优秀的置业顾问协助本次任务。

第二天,同事们的客户在门店集合,我们准备了两辆车,带着客户一起出发,小鱼因为住得近,直接在目的地门口等我。

因和小鱼好久不见,一见面我们都很开心,热烈地攀谈起来。原来这个楼盘他早就了解过,做足了功课,种种原因没有出手,恰好昨天看到我的信息,想听听我的想法。我结合实际情况,评估了他的经济情况、工作地点和照顾老人的实际需求,给他分享了该楼盘未来的商圈规划及国家倡导的京津冀协同发展的目标,打消了他的顾虑,他决定入手。

因为小鱼是当地居民,比我们都熟悉周边,我灵机一动,想请他帮个忙。

小鱼自然答应,不仅帮我们给客户解说,还当着大家的面给家人打电话,说明该楼盘的各种优势,并在家人的支持下交了定金。这么一来,同事的客户更加笃定了在此处买房是正确的选择,其中有一个客户本来只打算买一套,见小鱼现身说法,又加购了一套。最终,4个客户成交了3个,出售了4套房子。

事后,我邀请小鱼来北京游玩,感谢他基于对我的信任而作出的选择，也感谢他的帮忙，促进了当日客户的转化。小鱼也感谢我的专业分析，帮助他解决了实际问题。

放到今天看，当时正处在房地产市场发展的高峰期，在环京城市购房的参与者们，无论是刚需"上车"的用户还是投资者，无不从中受益。

对于新房业务，我们要比做二手和租赁的业务更加勤快才能拿到更好的结果。

踩盘、熟盘是新房业务中最重要的环节，而熟盘的关键，就是要实地考察，多带多看。在评估楼盘的时候，听听自己内心的声音，只有你自己喜欢和认可，在推荐给客户时，才更有说服力。

语言传达了信息，同时传递了能量和温度。

有了新的信息，不要怕打扰，同步客户是我们的义务和责任，更是我们的机会。多渠道触达，多渠道探索资源，你身边的所有人都可能是你的潜在客户，帮助他们作更好的选择，是我们的责任；帮助他们实现更美好的居住，是我们的使命。

天道酬勤

黄毛丫头

我做了二手买卖之后业绩还不错,便当了师父,带教一个徒弟,她有一个非常可爱的名字:波仔。那段时间我染了黄发,感觉很酷,做业务时昂首挺胸,自信潇洒。

系统中新增了一套北方明珠的 60 平方米的一居室,业主周先生只卖 3 天,报价 83 万元,远低于市场价(此时同户型市场参考价在 88 万元左右)。社区环境一般,但位置非常好,离地铁站只有 500 米,无论是自住还是投资都是非常好的选择。

遇到如此优质的房源,时不我待,门店的同事们连忙打电话邀约、发帖、派报。

徒弟波仔神秘兮兮地把我拉到一边:"赶紧走,我这有个客户特别准,一直在找低首付的房子,你陪我一起,咱们这就去带看,房主和客户都约好了。"

我们来到小区楼下等了 5 分钟左右,客户出现,波仔迎上前把他们带到电梯口:"你们是第一个看这套房子的客户。"

房子是中规中矩的 1 室 1 厅,朝向东,中等装修,屋内简单整洁，对装修不是很挑剔的话，拎包入住没有问题。

客户看得仔细，询问业主："为什么要卖这个房子？"

业主说："我看上了一个房子，打算3天之内出手这套房然后置换。"

客户说："价格还能再让一让吗？"

业主说："最低了。"

从房子里出来之后，我叮嘱客户尽量不要在业主的房子里谈价格，如果过度表现出对房子的喜爱，不利于谈价格。他若有所思地回应了我，说80万元的话，可以立刻签约。波仔立即拨通了业主的电话，谈到价格时，被业主言辞犀利地拒绝，83万元少一分都不谈。

业主的态度明确，我们邀约客户二人回店，波仔将税费、首付及签约后的细节等一一告知，客户表示认可。尽管这套房子的价格已经是近期成交的底价了，但客户的女朋友还是建议我们把业主请到店里面对面再聊聊。为了不辜负他们的期待，我们保持与业主的沟通，可嘴皮子磨破了，业主始终坚持，拒不还价。

两头做工作，磨了3个多小时，我们给客户清晰地分析了当前市场和这套房子的交易利弊之后，他们同意83万元签约。波仔赶紧联系业主，业主应允，让我们先等一个小时左右，再来签约。

等了一会儿，我觉得有些不安，恐怕生变，于是和波仔商量，让客户在门店等，我们直接去接业主。波仔骑着电动车载着我到了业主家楼下，拨通电话，业主说楼下的中介公司也有客户排队签约，他和爱人已经先到那家门店了。

果然，墨菲定律——担心什么来什么。

兵分两路，给店长打电话，请他稳住客户。现在是卖方市场，如果客户还出83万元，极有可能连和业主见面的机会都没有了。

我和波仔这边面临更棘手的事，业主在竞对公司的门店里，我们该怎么把他们叫出来？我俩在门店外面踱步了十几分钟，看着一屋子十几个壮汉，再看看我们两个女人，顿感弱小无助。

多次拨打业主电话，都打不通。波仔急得跳脚，这是她入职以来第一笔最接近成交的单子。看着她焦虑的样子，为了不让她失望，我的勇气在一瞬间迸发，推门而入："你好，我找一下周先生。"

"哪个周先生？我们这里没有这个人，你有什么事可以给他打电话。"接待我的瘦瘦的经纪人冰冷地说。

不要怕，你可以的！和谐社会不打架，万一挨揍，大不了就搁地上躺着。

我没有理会他，直接朝着他们亮着灯的签约室走去。表面上佯装镇定，实际上呼吸都错乱了，心跳声比敲门声都大。

砰砰砰……砰砰砰……门开了，我看到业主和他的爱人正在和对方沟通。

我朝着业主大声说："周先生，给您打了好几个电话，都无法接通，估计是您手机没电了，能借一步说话吗？找您有点急事儿！"

会议室中的6个人因我的突然造访，面面相觑。在大家充满防御和敌意的注视下，我吓得后背发凉。周先生有些尴尬，生气地起身，随我走了出来。

"本来是要去你们那儿的，接到电话他们刚谈到了83万元，就让我过来了。卖给谁，我其实是无所谓的。"他说。

我说："您答应了我们，一小时后来签约，我们都在那边等着呢。同样的价格，你是否愿意选择我这边的客户呢？毕竟我们客户是第一个看房的，从看房到现在4个多小时的时间，我们做好了工作，就等您过去签约。如果此时你以同样的价格卖给了其他客户，对您来说也没有利好，而且还相当于你失信于我们了！"

周先生说："话是没错，我是答应你们了，但并没有收你们的定金。更何况你们的门店比这家门店远，同样的价格我肯定就近签约。"

业主说得非常有道理，再这么僵持下去，对谁都不好，我觉得有必要上点干货了。

"确实，如果我是您也会就近选择的，不过我想给彼此一个成就的机会。链家是非常好的品牌，我们的客户相对优质，在后续办理房产交易的过程中，对咱们的配合会更好，交易过程更有保障。对于您这个房子，我们站在中立方的角度来看，报价是远低于市场价的。为此我们一直在积极跟客户说明，在为您争取更多。目前我的客户愿意出价高于83万元。如果咱们现在去谈，假设客户愿意给您加1万~2万元，我想耽误的这点时间，在这个收益面前，应该都不那么重要了吧？"

眼见周先生心动，我继续说："您这边是换房对吧，想必还有一个腾房的周期，这些我的客户都好谈。咱现在过去，就相当于给了客户一个机会,也给了咱们更多的选择。如果您双方见了,价格谈得不满意,这边您回来正常签就是了,我们绝对不打扰您,您看可以吗?"

很明显,周先生的态度有所松动。一直在旁边沉默的波仔补充道:"周先生,得知您这个房子出来的时候,我就给客户打电话,他们住在通州,到咱们立水桥需要近两个小时的时间,客户请假过来的,一下午的时间都在为咱们这个房子凑首付。客户本来预算是80万元,今天他愿意出价高于83万元,也是诚意满满了,希望周先生给客户一个机会,也给我一个机会。相信我,给我们半小时时间,半小时谈不下来,您回来继续签。"

波仔的这番话打动了业主,也给了我信心。

周先生给爱人打电话,想叫她出来,打了两次都打不通,估计是这家门店的签约室安了屏蔽器。

"我去叫。"见业主面露难色,我转身就回到他们的门店。不是不怕,而是作为师父,要为波仔的第一单护航。

我将业主的爱人带出。听到门店里的一位女生从背后厉声喝道:"不要脸,你是哪个店的黄毛?链家怎么有你这样的人,到我们门店里来抢生意。"

我下意识摸了摸自己的头发,没有还嘴,也没有回头。倒是业主的爱人有些不悦。她觉得,先不论其他,至少不该当着大家的面骂人。

我们一行四人回到门店,开始进行最终的会谈。

"我们只有半小时时间。"波仔对店长说罢,便进入了客户所在的洽谈间。

我把刚刚经历的详细过程，跟店长作了描述，从他的眼神中，我读出了使命感。他以最快的速度整理了一沓材料，我和他一起，陪在波仔的身边。

我们用最干净、最直接、最真实的数据说话，把近期北方明珠成交的所有记录放在客户面前，摆事实，讲依据，最终，客户出价85万元，并说明在其他客户出价相同的情况下，业主可延后交房3个月。

我们的诚意，客户的诚意，打动了周先生和他的爱人，当即决定成交。他直接回电，拒接了竞对公司。

客户和业主满意地离开了，我们助力波仔一起打赢了这场仗。看着已经签过的合同的痕迹，那一刻，我感觉所有的能量都消耗殆尽。我瘫坐在会议室的椅子上，一言不发。我擦了擦额头的汗，整理了自己凌乱的发梢，一点儿喜悦也没有。

第二天上班前，我抽时间去了理发店，把头发染回了黑色。走路时把头低下来，显得更稳重了些。

很长一段时间我不太敢去北方明珠附近带看，害怕看到曾经冲进去的那个门店，害怕看到他们的工牌、他们的衣服，害怕看到非链家的、陌生的经纪人。

当时只顾着拼命争取属于我们的权益，甚至没有去思考先后与对错。每一个成交背后，经纪人都付出了超量的努力。那个要签约的同行经纪人怎么样了，他的客户会责怪他吗？会不会对他失去信任，对竞对公司失去信任？他会不会也是个新人？会不会被我的行为伤害？会不会被店里的领导指责？

我不敢多想……

后来，波仔并没有因为签单成功而留在这个行业，在工作中，无论是主动的，还是被动的，遇到了很多类似的经历，她认为这里不适合自己，便离开了。

如果时光倒流，我会怎么做？这个问题，我在无数个深夜扪心自问，至今无法释怀。

租赁首单

人们总是企图做些惊天地、泣鬼神的大事，来实现平凡人的不平凡，就像新入职的经纪人总想开始就做二手买卖、做新房，上来恨不得就要做个"豪单英雄"。

的确这样的事例我也有所耳闻，谁卖了几亿元的别墅，谁给明星做了代理，收佣百万元。殊不知，这样的事例屈指可数，概率可比中彩票头奖。世界的真相是，大多数人还没成为英雄，就饿死在这条又长又缓的雪道上。所以我的个人建议是，如果有选择，应踏踏实实地先从租赁做起。

原因有三。

其一，租赁的业务特性，短、频、快。租赁的成交周期短，慢则半月，快则当日，用"瞬时开单"来形容，绝不是夸张的描述。每年春节过后、7—9月都是租赁旺季。经纪人月签十几单、二十几单都很正常。我做租赁时，日签三单、月签十几单也时有发生。如果恰巧你在店面接待时看到一个拉着箱子来的客户，基本上这单就成了。

其二，精神收益富足。每天不是在带看，就是在带看的路上，这是一件多么幸福的事。租赁客户多为刚需，需求急，时间紧。其实一个房子住久了，东西多，习惯已养成，多数人是不愿意换房的，所以能出来租房选房的，一定是有其不得不做的理由。正因如此，靠谱的客户和充足的客户量会让每个月勤奋的你有可靠的收入。每天有事干，时间会过得快，会让人更专注于当下。

其三，全方位的储备。许多人上来就做二手买卖、新房的经纪人，起点太高，需要一边努力学习一边承受"无为"。没有客户，房源量少，签单可能性不高。大量经纪基础知识需要深度参与交易实践才能理解，如层高、容积率、楼间距、绿化率、梯户比，又或是婚姻法、继承法、税费计算、房产政策等。做租赁可以很好地熟悉商圈，在实践中了解业务，在耳濡目染中长本事，等到合适的时机再升级。

当然，租赁业务也不是那么简单的。还是要严谨认真，心怀敬畏。不然，市场也会给你上一课，比如，我曾经遇到的张先生。

他是通过外网端口获取的一个客户，需求非常明确，夫妻两个人住，想要一个小两居，希望月租价格在1500~1800元，不需要特别大，装修要好些，最重要的是离地铁近。我电话里了解完需求后，与他确定了看房时间。那是我做经纪人不久，第一次独立带看。

我们一共看了三套房，都比较符合他的需求，其中第二套房源他更满意一些，他让我帮忙把价格从报价2000元谈到1800元以下。

我联系业主，晓之以理，动之以情，虽然沟通过程很辛苦，但不负所托，业主同意长租2年，半年付款一次，第一年每个月1800元，第二年每个月1900元。

本以为谈下了客户可以接受的价格，还可以长租，这单可以顺利签下，没想到却卡在了中介费上。张先生觉得支付一个月的房租作中介费（北京是客户出全部的佣金）太高了，他问我可不可以打折，因为同时在看的其他中介公司只收半个月的房租作中介费，如果我同意中介费打五折，他便立即签约。

他的态度很坚决，经过两三轮的沟通，我们还是不能够达成一致。我把情况反馈给店长，店长思量后同意打八折，就当成全我的第一个单子，可张先生给出的条件是，最高只能出七折。

1800元的单子，七折和八折之间的价差很小，客户是很容易接受的。可我觉得，打折挽留客户这种事，有一次就会有第二次，我不想退缩。中介费打折是不是可以意味着我的服务也要相应打折呢？我不接受自己的服务态度和质量打折，这是我的第一单，我要再努力一下，再坚持一把。

于是我将无法打折的事实告诉客户，同时也说了明年续租可以帮助续签不收费用的增值服务。

客户不屑地看着我，示意我最后再考虑考虑，他去旁边饺子馆吃点饭。

店长见我态度坚决，有点心疼，也有点生气："一张单子就这样没了，你为什么不机灵一些呢。"

我不以为意。做不了客户的工作，做业主的工作试试。于是我再次联系业主，询问有无可能再让点租金。业主回绝了我，说有其他公司的客户看上了，也要签房子。这消息对我很重要，一方面不想自己丢了客户，另一方面觉得这房子确实不错。时间紧，不容我再多思量了，于是我径直走到饭店里，坐在了客户的对面。

"张先生，您一边吃我一边和您说。"我紧张得心跳加速。

"刚刚联系过业主，咱们看的那个房子其他公司的客户也看了，我怕您再考虑一会儿，这房子就被别人租了。"

"不能吧，你们中介就会用这种方法让客户着急，要是真这样说明我和这个房子没有缘分。"他对我的话嗤之以鼻。

"我真的没必要这样，骗您我能签下这一单，但如果未来您知道我说的不是事实，就不会再给我推荐客户了。为了找这个房、谈这个房，我真的挺用心的。不指望您体谅或者尊重，至少不该猜疑我。这是我做这份工作的第一张单子，我来劝您，不是想赚这点中介费，我是真的认为，这个房子挺适合您的，还有您的认可，对我来说非常重要。"

他自顾自吃着，没有回应，我继续说。

"我觉得这个房子值这个钱，我给您找房子付出的努力也值这个服务费，我希望通过这一单全佣来证明自己的服务是被认可的，如果您对我的服务是满意的，就希望您能帮我，这会给我很大的信心，让我能够在这个行业继续走下去。未来我就服务于这个商圈，您有什么其他的事情都可以来找我帮忙，我决不推辞，远亲不如近邻，您就当多一个朋友。所以不管怎么样还是希望您能够选择我，选择链家。"

他把菜推到我面前，递过来一双筷子示意我一起吃点。我有点不好意思，摆摆手说自己不饿。

他放下筷子，说："这个房子我租了，中介费全额，你联系业主，问现在能不能签。"

我的第一单，就这样告一段落。

第二年，这个房子周边的租金价格已经涨到每个月2400元。这一年我开出的租赁单不计其数。看到旁边的饺子馆生意兴隆，总是提醒我要敬畏那来之不易的第一单和之后的每一单，那是勇气，是信任，是运气，是羁绊。

持之以恒和客户沟通，真心真意地让客户理解，善意的服务让客户选择我们。斡旋谈判随时都会发生，谁手上掌握的信息越多，谁的胜算就越大。换位思考，站在客户的角度沟通问题，当客户提起中介费的时候，不要过多顾虑，勇敢地说出来，你收的每一分钱都是堂堂正正的劳动换来的。

我想我是幸运的，曾经的坚持终换来好的结果。如果你经受过打击，请你忘掉，也请你牢记，忘掉那些不如意，牢记那些友好的瞬间。打不打折真没那么重要，坦诚真挚，收获客户的理解和信任才最重要。我们会遇到机遇，会遇到挑战，也会取得更大的成就。

"这个行业值得我去努力吗？我会为自己的工作感到骄傲吗？"这是我一入行时就在反复思考的问题，直至今日，未曾忘记。

餐厅对弈

"店长,这刚上了一套东辰小区 95 平方米南北通透精装的三居室,三层,猜业主卖多少钱?"立冬把头侧过来,跟我卖了个关子。

我不以为意:"按照市价,基本成交在 240 万元左右。"

"310 万元!你说他怎么敢的啊?"

我来了兴致:"也许人家的马桶都是镶金边的,不看房不评估,去看看。"

我们约了业主杨叔叔看房,只见窗明几净,绿植点缀,充满生机。杨叔叔是中国国家交响乐团的职工,对于品质的要求很高,刚买了一套郊区小院。

我说:"房子真不错,只是您报价相对有点高啦。"

杨叔叔说:"我儿子报的,主要是先看看行情,不着急卖,有靠谱的客户可以带过来。"

我和立冬回到门店盘点客源,找到了他手上的一个意向客户。约看之后,客户对房子非常满意。回店沟通的关键点,还是价格。

"目前业主报价 310 万元。"立冬如实相告。

客户笑了,感觉这报价有点离谱:"户型很难得,房子也不错。我知道你们近期卖了一套房是 240 万元成交的,这个你们能谈到 240 万元吗?"

看来客户关注已久,非常了解市场行情。

立冬说:"业主不着急卖,加上房子好,信心足,所以报价有些高。报价高说明他的心理价位也相对高,240万元不好谈,如果往上加的话,您最多能接受多少?"

客户说:"就出240万元,谈不下来,你用中介费打折来抵也行。"

立冬听完客户出价有些灰心,我建议他不要着急,先稳住客户。

我说:"一看您就是行家,确实上一套房子是240万元成交的,只是跟这套房子比,那个没有优势,楼层、装修都不行。现在这套房子显然更优质,所以会有一定的溢价。"

客户笑而不语,我继续挖掘。

"王先生,如果价格在260万~265万元您考虑吗?我综合评估过,这个房子至少值260万元。"

客户说:"有点高了,你们先去探探业主的底。"

立冬说:"您是老客户,我也带您那么长时间了,您说个心理价位,就按照您的心理价位,我们努力去给您谈成,这样的话,中介费咱就别打折了。"

客户说:"我的心理价位是250万元,说起来有点不好听,那我就多加一点,251万元吧。"

我说:"好,我答应您,努力去谈。如果高于您的心理价位成交的话,中介费给您打折。"

王先生快人快语,我们君子协定,他爽快地答应了。

立冬有些为难："店长，310万元和251万元中间差了59万元，咱们从来没有谈过价差这么大的房子，真的要按这个价去试吗？"

"这套房子报价比较高，很多经纪人望而却步，我们的客户既然出价了，就要帮客户去看一下业主到底多少钱能卖，不试怎么知道。"我说。

立冬准备好鞋套和一些相关资料，我们一起来到业主家，敲了半天门，没人应答。立冬给维护人打电话，说是业主出去吃饭了，我和立冬决定晚些时候再来登门拜访，于是原路折回。

我们沿着街走，一路在讨论买卖双方的情况，路过一家常去的巫山烤鱼店时，立冬赶忙拍拍我："那不就是业主吗？"

我定睛一看，没错，业主杨叔叔一个人正坐在靠窗的位置就餐。

"走，进去聊聊。"

"人家吃饭，咱们去合适吗？"

"不然什么时候合适？遇到了就是缘。"

见立冬不好意思，我没说什么，让他在旁边待着。我独自走进店里，径直来到杨叔叔旁边，俯下身。

"杨叔，我是链家地产的盛丽，下午带过一个客户看房，还记得吗？"

"哦，有什么事儿吗？"

我站直了说："打扰了杨叔，我这个客户对房子很满意，如果客户能够立马跟您签约，多少钱能卖呢？"

"客户出多少钱呢？"

杨叔叔如此问话，大智慧。

"客户希望能按照近期一套房子的成交价来算，看您这边230万元可行吗？"

"开什么玩笑，230万元？我查过你们上一套房子是240万元成交的，户型、装修都没有我的好。"

看来买卖双方都做足了功课。

"买卖也要靠缘分嘛，就像我本来以为今天见不到您，没想到在这里见到了。我感觉这个客户跟您有缘，他也是要换房，目前贷款特别少，首付可以给到170万元左右的样子，基本一个月左右您可以拿到全款。"

我想知道他最在意什么，是否在意拿到钱的周期。他好像有点兴趣，让我坐下来聊。

"您早一天拿到钱，就可以早一天去做自己想做的事情，如果您不考虑我这个客户，再去找合适的客户恐怕还要再等上一段时间。您报价这么高，不属于经纪人优先带看的房源。假设新客户选择其他付款方式，也耽误您的时间。现在这个客户是我们的老客户，人很爽快，心诚，也是真需求，基于这样一个靠谱的客户，您看多少钱合适呢？"

"最少怎么也得280万元吧。"

"280万元有点高吧，高于近期的最高成交价，也远高于客户预期，咱还有让一让的空间吗？"我不断争取。

"我新买的房子还不能入住，要过一段时间才搬家，所以我也不急着卖。你的客户能接受半年以后交房吗？如果可以的话，最低275万元。"

"客户是老客户了，懂行情，我们会建议他提提价，他现在给230万元，您要275万元，差距还挺大的，要本着成交去，我就大胆一点跟您谈，您看，我们按照近期成交的那套240万元的价格签行不行？如果可以的话，我现在给客户打电话，让他过来。"

我这一下明牌了，把价格直接打到了240万元，远低于此时杨叔叔的心理底价。我能明显感觉到他有些不耐烦，头也不抬，自顾自地挑鱼刺。

聊了这么久，我感觉业主没有被吸引到。于是我从包里掏出一个大信封，拍了拍，从信封口把百元钞票的一角露出来，给他看。

"杨叔，这么多人看您的房子，有这个诚意的人可不多吧。这是意向金，这个客户非常诚心，我也是带着使命来和您谈的，我们都知道市场价是240万元左右，您的房子好，我觉得要245万元没问题，您同意的话，我立刻跟客户谈。"

"270万元，不能再少了。"杨叔叔又一次松口，这就好办了。

"我出去先给客户打个电话，您慢慢吃。"

立冬一直在外面焦急地等，生怕我惹出什么事来，见我出来，马上问："谈得怎么样了？"

"业主降到270万元了。"

"你可真行啊，这房就算是270万元也值，我这就打电话。"

我说："就问客户270万元能否接受，这个价格客户肯定不会直接答应，他会往下继续压。不过我们已经打下40万元了，客户应该有兴趣。如果能见面聊，价格应该还能让一点。"

立冬和客户沟通了十几分钟，果然和我预想的一样，客户同意面聊，并给出了新的心理价位——260万元。至此，价差从最初的59万元到只剩下10万元了，这个差距基本只要坐在一起来谈，局面就打开了。

我快步走进餐厅，看到杨叔叔已经吃完饭起身了。

"杨叔，我们刚才聊过了，最终客户愿意出258万元。从230万元到258万元，我觉得客户也是够诚心的，258万元应该是目前市场客户能给出的最高价了。我们也是答应客户中介费打折，给他省一点，他才够得上这套房。我现在建议你们双方见面聊聊，见面三分情，其实现在客户的报价和270万元没差多少，咱双方再往中间努力一点就差不多了。"

他听了我的报价，思考片刻，没有立刻点头："我回去考虑考虑。"

我俩目送他离开，立冬拉着我说："算了，我们回店吧。"

"你不觉得他们其实都已经跃跃欲试了吗？"我笃定地告诉立冬，"告诉客户来店里等，今天不管多晚，我都要把业主带来。"

立冬将信将疑，不解其中深意，但还是照做了。我也没有食言，一路跟着杨叔叔天南地北地聊，从专业视角分析了当下及未来房市的趋势，解答了杨叔叔的疑惑点，找到了杨叔叔的兴趣点，找到了价格的突破口，当天晚上，我成功邀约他一起来到了门店。

因双方有些共同经历，客户王先生和业主杨叔叔，他们相谈甚欢，惺惺相惜。最后，房子以 261 万元成交。

太多细节无法言尽，在客户端，前期我们作了大量的铺垫与信任关系的构建。在业主端，我们积极主动，以终为始，勇敢迈出了出价、谈价的关键一步，才促使买卖双方最终走到签约桌前。

从报价 310 万元到 261 万元成交，我们用最短的时间、最高效的斡旋技术，完成了区域内最高价差的房子签约，从双方都满意的结果看，这是一次非常成功的交易。从我们内部的衔接和配合上看，这是一场高密度输出，并获得了胜利果实的战斗。

后来，在很多场景下我都会复盘这段往事，跟大家强调，要识人心，理解人性，才能解生活中的难题。很多人想听那些有趣的故事、那些冒险的博弈和斡旋的技术，我会跟大家说，那些都不重要。我真正想分享的是，我们要有直面问题的勇气和敢于想象、敢于挑战的信心，这才是攻克问题的关键。

后来立冬问我，当时为什么那么笃定业主能同意过来，我跟他说："我只是假装笃定，其实心里也没谱儿，不过我看到杨叔转过身时笑了，就想试试，事情就这么简单。"

孙　女

结了婚，有了儿子，家里的人多了，喧闹也就多了，想找个地方安静下很难。每天顺着强势的人流向地铁站走去，整个街道，比肩接踵，路人行色匆匆，谁也不必在意谁，耳机里的音乐萦绕在耳边，喜欢清晨上班路上的片刻自由。

地铁呼啸，窗外高楼大厦一闪而过，只要上班就能经过我曾经服务过的楼盘——明天第一城1号院，这个小区有位老朋友勾起了我的回忆。

通常经纪人会选择周一休息，我选择周二休息。这样周一可以对周末带看的客户进行回访、复盘。门店静谧，效率很高。

我正在浏览系统，听到推门声。一位个子不高的阿姨走进门店，她戴着一副很夸张的墨镜，遮盖住了半张脸，看不清表情，嘴角向下，气质很好，神情冷峻，墨镜折射出犀利的光。

我赶紧站起身来与其攀谈。

我为她介绍了一套位于高层，有落地窗，视野好，可以在阳台上远眺、俯瞰半座城的房子。

她说："不要那么高的，头晕！"

我又介绍了一套1层的精装修，可以拎包入住。

她说："不要1层，5层以下。"

她说话生硬，掷地有声，没有商量的余地。

因为实在是没有合适的,我便请她留下电话。她从包里掏出笔和一张精致的卡片,把姓名和邮箱写在上面,说:"有房源给我发邮件。"

我接过卡片,目送她离开。

卡片上的字迹娟秀,写着"古女士"。

如何定义一次好的"门店接待"?有几个维度可以判定:一是直接带看;二是形成约看;三是了解需求并留下联系方式。像今天这样需求了解不多,只是留了邮箱的情况,很显然,不是一次及格的门店接待。

几个星期过去了,一直没有适合阿姨的房子,为了增加熟悉度,也为了让她对当前的市场多一些了解,在每周整理工作的时候,我都会给她留的邮箱发送一封告知邮件。虽然未曾有过回信,但我还是每周坚持整理资料发送过去,并适当增加了一些关于这个商圈和关联房源的介绍,希望多一些信息能对她的决策有些帮助。

这样的行为,同事们很不理解,他们觉得这样特征的客户很显然是低意向型的,还会拿相关的无效事例来提醒我。我不在意,因为我坚持长期主义。

两个多月的时间转瞬即逝,一天下午,带看还没有结束,我接到了同事的电话,催我尽快回店,说有位阿姨指定要找我带看。

店内熙熙攘攘,一位气质优雅的阿姨端坐在沙发上,同事示意我就是她。

我上前打招呼,弯下腰小声道:"是您找我吗?"

阿姨抬起头，目光冷峻："你是盛丽吧，我看了你每周给我发的邮件。"

每周发的邮件？仔细瞧了瞧气质和扮相："古阿姨？"

她说："嗯，你上周发的那套房子，4层的，我想去看看。"

我打开电脑，找到那套房源，拨通了业主的电话。得知业主此时不在家，晚上才能看。我看了看表，现在距离业主回家的时间还有3个小时，便试着对阿姨说："3小时后业主到家……您等等可以吗？"

她站起身，望向对面的街。我忐忑起来，以为她会拒绝。

"可以，也刚好快到晚饭时间，你陪我去吃晚饭。"阿姨说罢，起身向外走去，我有点吃惊，恍然回神应答："好，这就来。"

跟着阿姨来到了对面街的一个家常菜馆，她点了两道主菜，关切地问我有什么想吃的，我搓搓小手，局促地说都可以。

她坐在那儿，翻看着菜单，举手投足间，优雅得像一位迟暮的公主，岁月在她脸上留下的痕迹，不足以抹掉她姣好的容颜，眼角松弛却炯炯有神。我能想到她年轻时亭亭玉立的样子，骄傲冷艳，羡煞旁人。

想到这里，我竟放松下来，菜陆陆续续地上着，阿姨提醒我边吃边聊。

她说："你给我发了那么多邮件，我都没有回你，为什么要一直发呢？"

我说："您一定不会无缘无故地出来看房，不留电话，应该是不想被打扰。按照您这直率的性格，不会做多余的事儿。留了邮箱，我猜想应该是有想要了解的信息吧，那我就应该给您回信，所以遇到合适的我就整理资料给您发过去。"

她说："是个执着的闺女，每个星期都给我发邮件，三个多月的时间没间断过。每次收到邮件，我都打开看看，后来看到这个房子，我挺喜欢的。"

言谈间得知，阿姨从美国回来不久，独身，有两个女儿，平时和大女儿一起生活。小女儿身体不好，日子过得糟糕，阿姨对小女儿很疼爱，打算用自己多年的积蓄置办房产，留给她。因为一些陈年旧事，两姐妹关系一般。所以买房这事，阿姨只能自己出面办理，没有叨扰家人。

2个小时的交流，虽然短暂，却承载了往事的厚重。我像个老友一样，聆听着阿姨的故事。那些往事伴随着她坚定优雅的语调徐徐而来，我眼前闪过那些琐碎的、动人的细节。想起瞿秋白在《饿乡纪程》中所写："我这位表姊，本是家乡的名美人，现在她饱经世变，家庭生活的苦痛已经如狂风骤雨扫净了春意。"

时间临近，我们等到了业主的电话。

真房源是链家占领市场和用户心智的生存法则，实际看房和照片一模一样，阿姨很满意，而后约谈业主。业主着急用钱，多轮商谈后全款谈到54.5万元。不过，这个房子还有贷款未还清，所以业主提出的条件是：含定金在内，一周时间先付25万元，他拿到钱会立刻还清贷款解抵押。如果同意，马上就能签。

25万元不是小数目，远远超出了总房款的20%，我不同意交易，提示双方风险，业主遂诚意地拿出房本和身份证作抵押。

业主越是热情主动，我越是担心，向业主介绍了几种自行偿还贷款的方案，都没有得到采纳。劝说无果，我把相关情况跟阿姨说明后，她示意理解，拍了拍我的手安慰我，直面业主说："只要合同上写清楚，按照你的条件，没问题。三天内我钱款到位，一周内你腾房。"

语气自信，气场强大，正如我第一次见她，这种透着岁月沉淀的果敢和坚定感染了在场的所有人，双方确认签约。

"定金＋预付金额"超过了总价的20%，按正常流程，超出部分是要资金监管的，交易双方填写好了声明，阿姨签署了风险提示函。

第二天，阿姨约我陪她去银行转账。因交易双方涉及跨行，工作人员告知，跨行转账要等三个工作日，如果直接存入本行，次日可以解押。阿姨当即决定，先去自己的卡所在的银行取现，再存入该行。

25万元现金，没有预约，又是大额取现。柜台的小姐姐看着阿姨，又看了看我，对照阿姨身份证确认了下信息，说："这个人是你什么人，钱的用途是什么？"

"我孙女，用来买房。"阿姨只是停顿了一下，但语气里没有一丝迟疑。

那是我长这么大，第一次近距离接触整整25万元的现金，阿姨把钱装到我的书包里。我能闻到钱的味道，却不敢多看一眼，我牵着阿姨的手，把书包背在胸前，一路战战兢兢完成了这次"跨行存款行动"。

后来，房子履约交付，我才松了口气，跟阿姨开玩笑地说："以后可不能随便认孙女，孙女第一次拿这么多钱，要是跑路，您就亏大啦！"

阿姨说："70岁了，别的不行，看人还是挺准的，一个能连续3个月给我发12封邮件、交易时提示我预付金有风险的闺女，你心里一定知道什么是对的，什么是错的。之所以选择你，是觉得你跟我年轻的时候很像，很天真，很固执。我需求很明确，知道自己想要什么，不需要别人一直来提醒我。你不催、不打扰，我很舒服。想起年轻的时候走南闯北，日子像机器一样转，被时间追了一辈子，被人催了一辈子，现在老了，累了，想歇会儿了。"

在此后的很长时间里，我都没有再见过她。后来想起她，还是因为在整理资料中发现了那张写着她邮箱地址和姓名的卡片，卡片上的笔墨已经干了数年，对她的记忆也一并被风留在了那个夏天。

经此一事，同事们不再嘲笑我长期主义的行事风格。后来我当了店长，也不忘每时每刻跟新入行的经纪人传授"坚持长期主义"的作风，并现身说法，这件事成了我口中详谈的案例。

地铁到站，我按下暂停键，取下耳机。看着每一个努力前行的人，看着熙熙攘攘的人流，脑海里勾勒出阿姨年轻时候的样子。

古阿姨，您现在还好吗？

祝您健康，祝您平安。

日拱一卒

2022年8月，刚刚结束在成都为期1个月的门店运营经理实习。实习期间，我走访了24家门店，与许多善良真诚的管理者和经纪人进行了沟通。以往和店东、店长、经纪人见面大多是在课堂上，有些交流但不是很多，有个别机会到城市门店也是去业绩比较好的门店居多，这一次置身其中，更真实地体察到了城市门店运营的实际业态。

7月的成都，湿热，酷暑难耐，中午时分大街上人流稀少。我走进一家三十几平方米的门店，全店共有3个经纪人在办公，坐在前台值班的经纪人无所事事地拖动着鼠标。

我和另外两个不值班的经纪人沟通，围绕一些热点话题聊着，比如最近业绩怎么样，带看多不多，如此等等。他们的回复都在意料之中，没有客户，客户持观望态度，交易量断崖。房源端也是如此，业主持观望态度也不降价，部分业主由卖房转成租赁等。

他们面无表情地回应，感受不出一丝热情，我把问题问得更深入一些，该商圈卖得最好的楼盘是哪一个，大家是否经常会去楼盘里转转。一个经纪人说，最好的楼盘都被链家吃掉了，他们门店的房源量不够。另一个伙伴说自己刚来两个多月，没有客户基础，平时店里有客户带看才去看楼盘，或者偶尔有空去看看，其他时间基本待在店里。

新人做这行，前期建立信心很重要。得知他下午没有其他事情，也没有带看，我给他分享了一段麦田经纪人小方的切身经历。

麦田这个经纪公司有一个作业特点，即在北京针对高端楼盘，社区精耕、业主维护做得特别好。奥林匹克公园附近有一个楼盘叫世茂奥临花园，小区属于高档小区，都是大户型，人车分流，业主们回小区有两种方式，一种是开车入地库然后直接从电梯上楼入户，一种是步行进入小区，从小区门口到楼盘约100米的距离是景观设计。据此，麦田的经纪人做了这样一个行动，只要雨天或是太阳足的时候，就会有人在小区门口驻守，给小区里的业主撑伞送到入户单元门。这种服务不涉及广告、营销，物业保安也都默认了这样的行为，长期坚持下来，这个品牌深受小区业主的信赖。

一个雨天，负责社区驻守的小方看到一位孕妇扶着小腹小心翼翼地开门走进小区，于是他快速跑到这位女业主的身边撑起伞，两个人缓步前行并攀谈起来，得知这位女士怀孕四月有余，她爱人经常出差，当日也是一个人去产检。小方提出，如果女士需要的话，可以帮她去医院排队，送她去产检。女士推托谢过，但记下了小方。后来两个人经常照面，越来越熟，就成了朋友。后来，小方托医院的朋友帮了女士不少忙，女士身体健康，半年后，顺利诞下了一个女儿。

世贸奥临花园新上了一套四居的优质好房，麦田号召所有经纪人同时行动起来，完成带看任务。可小方当时并没有意向客户，为难之时，他便请女士帮自己来完成这个任务。没想到，这次带看激发了女士换房的想法。

她当时住的房子是三居室，自从有了女儿，东西开始多了起来，父母也过来照顾，加上育儿嫂，三居稍显局促。当看到这套四居户型时，一下就相中了，加上周边的环境、小区配套都是自己非常熟悉的，所以女士换房的需求就这样形成，她的爱人也十分赞同换房，并一切交由小方操办。后来顺利交易，售出房子1500万元，购入房子2100万元。

潜客开发就是这样，你在商圈里遇到的形形色色的人，都有可能是你未来的客户或是业主。我自己做经纪人时，或和其他经纪人沟通时都会听到这样的案例，走在小区里陪看都能碰到业主，成功录入一套房；带着工牌在大街上走就遇到了一个客户，最后带看成交；只是帮助小区阿姨拎手中的菜，阿姨就给转介绍了几个客户，最后成交。诸如此类的事件非常多，房产中介有一句话叫作"'活'在外面、'死'在家里"，走出去有无限可能。我们在做与人链接的工作，有人的地方就有机会，就有希望。

两个经纪人听得都非常认真，抛出了很多问题问我。他们说，也曾尝试在小区里面开发，可能缺少那样的好运，很少能遇到跟自己建立联系的客户和业主，有些感觉不错的客户长期维护也没有带来转化，期待成泡影，不知所措。

我宽慰了他们，解答了一些问题，也分享了很多成交故事，增加了他们的信心，在他们的道谢声中，我不舍地离开了，接着拜访下一个店面。

做这行的人,来来往往,能留住的不多。这个职业考验的是综合能力,长期执业,第一重要的是树立信心。如果你不把它当成一辈子的事业来干,只想赚个快钱,浅尝辄止,那很可能不能如你所愿。我们常说半年不签单,签单吃半年,也预示了这个行业从业者的处境。它一直是高标的、低频率,很少出现看一次房就成交的情况,一宗房产交易少则几十万元,多则几百万元、上千万元,这要靠我们的专业性去赢得客户信任,而这些专业性需要大量时间去积累。

而且,随着行业的发展,信息越发对称,收费透明、交易透明、收入透明,不吃差价。业主和客户能拿到更多的信息,也在交易中变得专业,其专业程度、交易知识广度,甚至超过很多房产经纪从业者。我们想要说服引导他们,比之前要难得多。

经纪行业需要大量的资源积累,要靠腿勤、嘴勤去做基础建设。在门店里对着电脑等待线上商机降临可解决不了问题。不实地勘察,不脚底沾泥,就无法真正地了解商圈、了解房源。现在一二线城市,新房位置偏远,更应做好充足的准备,做到心中有房,脑中有房。没事走出去,常常和业主、客户在一起,路上真的会有好运降临。

实习期结束回京后,我心心念念,特意托人打听这个门店经纪人的近况。听该店店东反馈,店里的几个经纪人最近勤快了不少,几乎每天去做社区开发,现在已经有一个客户委托,还有一个新房客户的合作成交,还分了业绩。他知道我去过他店里,虽然言语上没说感谢,但那热情里又句句充满谢意。

收获的感觉真好,不管是听了故事的他们,还是分享故事的我。

与自己和解

有光的地方

夜深人静，就着思念喝着酒。

朋友聚会上，各有各的烦恼，一个接着一个的话题，时而欢声笑语，时而感时伤怀。话题终了，所有人的悲伤撞到一起。

"已离家三年，妻儿不在身边……"

"父母已年迈，常年卧病在床……"

我说："没有见到姥姥的最后一面，那天……"

人生最大的痛苦莫过于，树欲静而风不止。每一个故事都在诉说着各自的不易，我们在偌大的都市里，努力地找寻自己，找寻所谓的幸福，拼尽全力和世界融为一体。

为了融入世界，我们用忙碌的生活武装了整个身体。我想生活需要一个逗号，好让自己稍事休息，问问自己下一步要去哪里，这样的工作和生活要不要坚持？可当我们想要改变时，脑海里时不时地竟冒出"就这样也挺好的"来宽慰自己。

是勇气不够？还是生活的真相本就如此？不得而知。

一边找寻，一边改变。

人生充满错觉，比如股票要涨，房价要跌，某人爱你，努力会有回报，明天定会更好。其实这些事儿，你我都做不了主。电视剧《流金岁月》中蒋南孙的爸爸，直到跳楼的一刹那还在奢望被套牢的股票可以换得女儿一生富贵；一个客户反复通过你来看房，你就以为这个客户无论如何都会在自己手上成交，这些概率性的期待，伴随着概率性结果的验证，那种无能为力感，扑面而来。

你的推断，你的期待，就像是一幕幕烟雾缭绕的错觉。

而我以前的错觉之一，来自对于人脉经营能力和作用力的高估。

在经纪行业里19年了，因为做运营和讲师服务的关系，我与全国城市房产经销的高层管理者都有过一些交集。我经常到各地出差授课，也结识了五湖四海的同行者，微信通讯录翻到最下面查看有近万人的好友了。

早起多年，我每天早上都会习惯性地在朋友圈里写"早安心语"，这个行为原本是激励自己——每天都是新的、每天都是美好的。没想到，时日一长，"早安心语"被许多志同道合的伙伴当成了每日必读，赞、评、转不亦乐乎。

我最开始的想法是，这么多优秀的、厉害的伙伴认同我的想法，传播我的内容，那在宣传推广培训项目的时候，也一定能派上用场，这种天真的想法被现实直接打脸。

贝壳经纪学堂推出了新房能力提升的线上付费训练营，我将宣传文案和138元的价格往朋友圈一发，本以为稳坐钓鱼台，结果走过路过全都错过，一个赞也没有留下来，偶尔捡个互动还是自家弟弟捧的场。所以说，你若想验证社交转化能力，不妨在朋友圈卖个东西试试。一张付费的朋友圈图文，就像一场情谊的灰度测试。尘归尘，土归土，极尽繁华，不过一捧细沙。

这个世界到底是不是只有靠经营人脉才能生存？把特别多的精力放在社交上是否有收获？我无法给出答案。不过，与其找寻答案，不如多读点书，提升自己，不去迎合，不逢场作戏，不要求天下所有人都喜欢自己，倒是能活得舒坦些。

世界那么小，平凡就是伟大；世界那么大，总会有人懂你。懂你的善良，懂你的慌张，懂你的温暖，懂你的莽撞。只要你坦诚炙热，全力以赴，终会被温柔以待。

我的另一个错觉：年轻人流血不流泪，没有什么是努力解决不了的。

我是一个路痴，只知前后，不分东西南北，刚入职链家时做房产租赁业务，那时候还没有导航，因为路痴严重影响工作，我就把周边所有的小区楼栋的位置画在笔记本上。不断地看，不断地画，一个盘一个盘地画，把纸都画烂了，硬背下来。我每天都在寻找租赁的客户，挖掘可出租的房源，不是在带看，就是在带看的路上。陪客户看了一间又一间房，日子过了一天又一天，无数个深夜回到家把双脚放在温水盆里，皱着眉狠狠盯着脚上磨出的水泡，不让眼泪流下来。

直到发现我努力用心地带看的客户，可能因为中介费高等因素而选择其他公司、选择跳单、选择其他经纪人，那种无力感，一次次扑面而来。

在这个城市，我不是最努力的人。对于心怀理想，要在这大都市立足的人来说，拼命努力是生活的标配。早上进入拥挤的地铁里练习着金鸡独立，晚上末班车上依然有人抱书苦读，背着蹩脚的英文单词，啃着晦涩的专业术语。他们参加校考、参加国考，千军万马过独木桥。而最后的报录比，将一个个拼命努力的人击倒。

年轻人流血不流泪，努力到底能解决一切问题吗？

不知道……

可以确定的是，如果我们总想着努力就会成功，难免会迷失，把重心完全放在结果上，而忽略了过程的美好。长此以往，信心没了，勇气没了，天空灰了，眼睛里的光也没了。

那么怎么办呢？就请努力过后，顺其自然吧。

不忘记享受自己生活中的小幸运，拥抱你爱的人；用心感受世界，看窗外银杏叶随风飘落，盼乍暖还寒时绿芽会爬满枝梢，期待操场上嬉戏的孩子们健康成长，成为才华横溢、独当一面的大英雄。

刚入行时的那个笔记本，现在已经找不到了，但上面的一笔一画我都记得。最刻骨铭心的不是画烂的纸，而是我翻开本子，在第一页写下的"月薪过万"这四个字。那是我得到这份工作拿到这个本子时，最发自内心的愿望。这个愿望陪我度过苦难的日子，它支撑着我，从昏暗的、狭小的、不见天日的地下室，搬到了有光的地方。

回顾往事，"月薪过万"也许从来也不是我真正的目标。

我的目标是，有光的地方。

....

朋友们醉得胡言乱语。

喝着思念的酒，远方飘来悠扬的歌。

人生充满错觉，就像我以为，这首歌，姥姥唱过。

就像我以为，她从未离开过。

静待花开

2019年来贝壳做培训，满腔热血，打算大展宏图。可初来乍到并不是你想做什么就能做什么的。接公司里最不被看好的项目，背着各种OKR（目标与关键成果法）的指标。5个人的团队接15个人的工作；同一个业务中心调用课程内容都要经过烦琐的流程，需要什么资料总是找不到相关责任人。

2020年我升任总监后，导师老方与我踏上师徒之旅。他每个月都会与我沟通，传道授业带教解惑。大我11岁的他酷爱饮酒，我们两个天秤座时常对饮得不亦乐乎。我给他写蹩脚押韵的词，他会给我听温暖热烈的歌。我每次感到委屈或是惴惴不安，都会跑过去找他抱怨几句。他耐心地听我讲完，关心询问，待我情绪好转，便不断提问，激发我思考洞察。

2022年内部调整，这样一个温暖的人被组织优化了，临走他写了一句话：如果离开是对组织的贡献，那我心甘情愿。

后来，他离开了北京。至分别时，我们没能见最后一面。

2022年7月，我响应公司号召，下城市到运营岗位上实践，我选了成都。为什么选成都，只因那里有些旧相识，在外一个月，我想，万一有什么困难他们能帮助我。

初到成都水土不服，身体不适，在偌大的城市中像一只迷路的麋鹿。可从头到尾，在我需要帮助的时候，在我有喜悦想要分享的时刻,那些旧相识被琐事缠身都不能在我身边,我方才意识到,每个人都有每个人的生活。

好在天遂人愿,在新岗位上我又遇到了业务师父松哥,有芬儿和强仔一群新朋友,我们以诚相待,离别之时依依不舍。

生命就是一场相逢、一场离别,周而复始、循环往复。

回京之后,听闻闺蜜生病的消息,我这才想起来因为最近工作繁忙,已经好久没有和她坐在一起聊天了。于是我做好饭菜给她送去,她发烧怕传染我,让我把袋子放在地上。

我走出 10 米外站在那里,看着她将饭拿上楼,她用力地冲我挥手,我伸开双臂,在原地给了她一个大大的拥抱。我冲她大笑,笑她自诩强健,此时却比我糟糕。

笑过她不久之后,我们一家五口先后病倒。这次换她笑我了。

我先生先病,他独自在次卧休养,第二天下午孩子开始发烧,4 小时一次的退烧药按时服用还是 39.6 ℃,体温居高不下。尽管我一直佩戴着口罩,依然在半夜的时候开始出现征兆,平时几乎不发烧的我开始发抖,浑身刺痛,头痛难忍,起身困难。

女子木弱,为母则刚,看着高烧 39.6 ℃的儿子,我云淡风轻地告诉他:"没事,没事,你快点好起来,妈妈给你买的玩具很快就到。"

回到房间,我窝在角落里回想自己的前半生,我充当着员工、领导、徒弟、朋友、子女、爱人、母亲的角色,无论多强大,也有疲惫不堪的时刻。我可不可以自私一点,允许自己放松,免责,关机,充电,只做自己呢?

胡思乱想中，我枕着这些疑问睡了一觉。

后来，天亮了，大家的身体也康复了，精神抖擞，我的疑问也消退了。生活是讲究节奏的，该奋起直追时就奋起直追，该养精蓄锐时就养精蓄锐，歇歇脚，再出发时精神百倍。

转眼到了2023年末，日子过得真快。

在岁月长河中，我亲历了形形色色的人，经历了丰富多彩的事。那些萦绕心头的故事，那些如梦似幻的日夜，像璀璨的繁星，闪烁在我的回忆里。这些故事和日夜，充满了曲折与坎坷，充满了激情与热血，见证了我生命中的点点滴滴。

我曾披星戴月，为了那份朦胧的渴望奋力拼搏。那些昔日的场景，如同画卷般徐徐展开，一幕幕浮现在我的眼前。

那些脆弱、那些不甘、那些迷惘都被我一一记下。那些无畏、那些怀揣着对未来无尽期待的人，他们每一个微笑、每一次握手，都如同星辰般熠熠生辉，照亮了我前行的路。那些欢笑、泪水，那些挫折、成功，都成为我生命中不可或缺的篇章。

凡是打不倒我的，终使我强大。如今，我依然怀揣着对自己、对家庭、对行业的初心，勇往直前，无限期待，静待花开。

黑色的夜给了我黑色的眼睛

弟弟给我推荐了一本书《以幽默的方式过一生》，我特别偏爱里面的一句话，收藏、书写、铭记都觉得还不够，我想，把它分享出去也许才是最好的喜欢：

"很多时候，一转身，就是一辈子。所以，相见时，要心存善念，如初次谋面；告别时，要郑重其事，像最后一次。"

闺蜜大早上发信息给我，洋洋洒洒一大篇文字。大意是她师父的朋友，一位38岁的女士近期因为突发疾病离世了。她感慨自己也是一样的年龄，还没有见过更好的风景，还没有遇到最好的人，还有许多未竟之事，如果有一天她也如此，那该有多遗憾……

感怀伤时花亦落，魂牵梦萦醒更寒。

生命如此脆弱，难过之情涌上心头。不禁思忖，如果我抬起手腕，手表上显示着生命的余额，如果不久后，我被通知要离开这个世界，会在有限的时间里做什么呢？

约翰·史崔勒基在《世界尽头的咖啡馆》中分享了这样一个故事：股神巴菲特有一个私人飞机驾驶员，叫弗林特。大家知道巴菲特的时间多值钱吗？他的午餐拍卖价动辄百万美金。近水楼台先得月，弗林特成天守着巴菲特，很想向他请教一些问题。有一天，弗林特问巴菲特该怎么制定职业生涯目标。

巴菲特让他把职业生涯里最想做到的25件事写下来。弗林特写下了25件事。接下来，巴菲特让他把其中最重要的5件事画出来。弗林特也照办了。巴菲特就问他："现在你知道该怎么办了吗？"弗林特说："我知道了，要先集中精力，完成这最重要的5件事，剩下的20件不着急，有空再做，慢慢把它们全都实现。"

巴菲特说："不，弗林特，你只说对了一半。你要集中精力做那最重要的5件事，剩下的20件事，你应该像躲避瘟疫一样避开它们，不要在它们上面花费哪怕一丁点的时间。"

诚如巴菲特建议的这"人生5件事"的思考方法一样，终究是哪5件事重要到足以倾尽你的时间去定义你的一生，值得我们认真地、深刻地思考。

我们总是被日常琐碎的事情牵绊，它们躺在我们的待办清单上指挥我们做事，理直气壮地占用我们的时间。殊不知，这是画地为牢罢了，其实真正的人生大事就那么几件。

于我而言，什么是最重要的事呢？

早前，我最先想到的是工作，因为我把太多的时间和精力投入工作中了。

对我来说，做什么信什么。从业19载，是那一份笃定和乐观一路陪伴，相信相信的力量。我亲身见证了这个行业的很多变化，比如关于诚信的建设。

2009年刚入职北京链家时，带客户看房，要签看房确认书，为的是防止客户跳单，防止带看作假，客户若不签，罚经纪人10元钱；作假代客户签字被发现，就会被辞退。如今这种诚信的度量衡做法早已成了历史。

那时跟门店到访的客户谈我们的价值观,谈诚实可信,谈行业会透明,谈我们会对客户好,为客户利益着想。那个时候很多人不信,客户不信,甚至这个行业的人都不信。如今看,链家做到了,整个行业也在结构性向好。

10年前我们最奢望的就是一个月能休2天假。业绩好的时候和店长请假,店长说:"这么好的市场休什么休?"业绩不好的时候和店长请假,店长说:"都没业绩怎么好意思休?"这还真像一个莫比乌斯环,怎么走都会相遇,怎么做都是同样的答案。"五一""十一"这样的假期更是想都不敢想,客户休息的时候就是我们站岗的时候。现在每个城市的经纪人一个星期至少能休一天,节假日可以休息或倒休,我想不远的将来,经纪人一定能一周休2天,趋势如此,行业越来越规范,从业者越来越有尊严。

除工作以外,还有什么是重要的事,那一定是家庭了。我的爱人,他信什么做什么。

结婚15年,爱人从不和我吵架,每次我挑起事端,他都是默不作声。意见不统一时,他也会选择妥协。情绪缓和时我问他为何不吵,他会笑笑说:"和你吵架,赢了也是输。"

"那意见不统一你为什么总让着我?"

"没那么多对错,就听你的呗。"

"你这辈子最想做的事是什么?"

"对你们娘俩好。"

…………

与其每天问你的爱人"你爱我吗",不如看看他做了什么让你相信世界的美好,做到什么程度让你相信总有些偏爱只属于你一个人。

我曾经一度觉得我是个工作狂,若没有工作我会荒芜。直到2020年5月,我因长期疲惫晕倒在地铁站,被救护车送往医院的那天。

那时四肢不能动,不能说话,眼睛睁不开,我仿佛进入了幻境,在一片雾蒙蒙中,大脑想了三件事:

一是儿子。我的孩子还那么小,妈妈还没有看到你长大,是妈妈不好。

二是爱人。说好了我赚钱养家,可是我就这样走了,你怕是不知道咱家银行卡的密码。

三是爸妈。我看到你们了,却碰不到你们,你们离我好远,我好想你们。

当时全然没有思考当天还有一个重要的会议,还有一个课程要讲。如果没有工作我会荒芜至死,那为什么到生死关头,我对工作没有一丝念想?工作是重要的事不假,它是最重要的吗?它是我的全部吗?我是谁?我为什么来到这个世上?我坚持什么、想要什么、要去往何处?

我在迷雾中睡去,在黑夜中醒来。

有些时候,我们要的太多了。我们会在复杂的思辨里迷失,陷入迷茫,而一点简单的信念,或许正是我们想要的,正如成年人清澈的"童话"世界。所谓的童话,我理解的正是一种信念,像白雪公主一定会战胜巫婆,像丑小鸭一定会变成白天鹅,像灰姑娘一定会和王子幸福地生活。什么是简单的信念,在我看来,就是做什么信什么,信多少做多少。

后来我思来想去,于我而言最重要的 5 件事,大概是健康的身体、爱你的人、利他的善良、平静的内心、热爱的工作。

简单且奢侈,足矣。人这一生就是束缚太多、欲望太多,从而使得烦恼也更多,所以我们需要以一种方式让自己清醒起来,让自己真正整理好内心再出发,才会走得稳、走得远。

顾城说,黑夜给了我黑色的眼睛,我却用它寻找光明。

什么是你最重要的 5 件事,什么是你最简单的信念,勇敢去寻找它们吧。

无　　畏

4年来，工作没有太大变化，仿佛临近了职业天花板。原因很多，比如晋升机制、专业程度、领导能力、人脉资源等。我有了年龄焦虑，听说入职了一个新员工，坐在我身后，年龄比我小20岁。

周边的同事，不是硕士就是博士，他们爱说爱笑，爱思考有创新，对这个世界充满好奇，经常讨论着一些我没涉猎过的话题。以上种种境遇，引发了所谓的"中年危机"。我想提升自己的能力，于是做了个规划，那便是，学习、学习、再学习。

我打算考研。

对于一个毕业20多年的人来说，从我的基础沉淀上看，所学的知识都还给了学校，英语、数学、逻辑完全让我摸不着头脑；从准备的时间上看，从决定备考到走进考场仅有不到4个月的时间，因工作繁忙、孩子还小、自己年龄又大，再次走进学校怎么看都是奢侈的。家人和朋友全都投了反对票，一时间，我有些力不从心。

可倔强的人总是喜欢被挑战和迎接挑战。一鼓作气，再而衰，三而竭，趁着热情最高，我下定了决心，果断报了冲刺的考研班开启学习之旅。从翻起课本的那一刻，我努力畅想着未来的样子，仿佛看到了因为学习而有了变化的另一个自己，便有了无穷的动力。

倒计时110天，定了早上5点的闹钟，每天早上2小时，周末两天（每天9:00—17:00），都是属于我的作战时间。走路琢磨数学的排列组合，地铁出行时刷单词，哄睡孩子后，爬起来写作文。早起晚归熬夜至凌晨，头发一把把地掉，熬出了黑眼圈。

更痛苦的是，在学习中，很多陌生的知识点根本谈不上吸收，只能是硬灌，比如英语的作文在脑子里循环往复记忆却又转眼就忘，这样的感受让我的学习始终在原地打转，导致我间歇性踌躇满志又间歇性垂头丧气，时常在考与放弃之间徘徊。

很多个清晨困得掐自己的大腿，想打开抖音刷一刷，想和朋友放松地聚一聚，想跟孩子好好过一个放松的周末，因为他会在周五的晚上问我："妈妈，你明天还要去上学吗？能不能陪我玩？"他稚嫩的声音，几乎要击穿我最后的防线，我眼泪都要流下来了。

好在，110天说长不长，一咬牙就挺过来了，我如期地走进了考场。

到了考场真是大脑一片空白，考题难度远超过我的能力，蹩脚地翻译，机械地默写着背熟的英语作文，选择题用上蒙猜大法，三长一短选最短，三短一长选最长，两长两短就选B，参差不齐C无敌。

教室里周边的人都在奋笔疾书，我的思绪在回顾着这4个月的经历，不停地问自己，值得吗？后悔吗？如果重来还会这么决定吗？考或不考，重要吗？

走出考场，见数不清的人穿着厚厚的衣服站在校门口，在风里盼望着，寻找他们的孩子、他们的朋友、他们的亲人。

我裹着大衣，提了提衣领，把脖子缩进衣服里，拍了张微笑的自拍照发给妈妈："妈，试没考好。"她回复："没事，孩子，你赢了自己。"

是啊，长舒一口气，我赢了。

每一段经历对整个人生而言都有意义，所谓偶然也必然会发生，一切都是最好的安排。现在的我庆幸和感动于自己备考时的专注与坚持，在过程中我没有放弃，从而养成了好的学习习惯，也影响了身边的人，连5岁的儿子也会认真地和我说："妈妈，我长大了也要考北大。"

有段时间，我为身边人正在经历的事情而焦虑，比如闺蜜的工作跨城市调遣，妹妹离职，好朋友离婚等。而随着大家都在努力应对、努力生活，我越发明白了"一切都是最好的安排"的意义。闺蜜调转到杭州，在西湖旁冥想漫步；妹妹开了自己的公司；而好朋友的日子也日渐欢喜，再也不用在争吵中度过下半生。

人生的上坡路，总是难走的。假使现在的你深陷在某个痛苦的过程里无法挣脱出来，不要庸人自扰，把心安顿好，多一分坚韧，多一分理解与豁达。

富养自己的最好方式，就是找到热爱的东西，一头扎进去。在学习的过程中，我感受到的不仅是知识带来了新的力量，更主要的是学习过程带来的启发感。这份启发感让我对世界充满了好奇，对未知事物有更大的探索精神，更重要的体悟是，我感觉自己更年轻了。

生命的蜕变，认知的升级，是需要在泥泞的道路上和困境中构建的，是孤独的，是勇敢的。完成自我升级后，璀璨如星河，绚烂如烟火。

无畏将来，无畏选择，该努力努力，该来的，请扑面而来吧。

45个关键业务场景破题

房源篇

业主报盘怎样引导报价

怎样令业主满意或让业主更快速地选择经纪人,并推荐老客户,这件事情特别考验能力。同样,一个好的房源报价对未来销售的时效能起到决定性的作用。下面我把业主报盘的场景、常见冲突及怎样把业主报价做得更好等一系列内容分别说明。

业主报盘可能发生的场景有哪些?

业主到门店报盘、业主电话咨询、社区驻守时周边邻居询问,有时经纪人带客户看房时,也可能刚巧碰到一些业主报盘或针对近期市场情况作咨询。还有一种特殊的情况是业主不在本地,他委托朋友或家属咨询。

报价时常见的冲突有哪些?

(1)业主比我们更懂商圈。目前我们的经纪人在长期执业上做得还不够,满足在同商圈精耕3年以上的经纪人屈指可数,现实工作中 70% 以上的经纪人都没有达到这个年限，对商圈了解不透彻。而业主居住时间长，熟悉环境，比我们更懂周边的商圈。

（2）业主心理价位比较高。这类业主通常出售急迫度不高，所以希望价格卖得高一些，所以我们在报价过程中给出市场成交均价时，业主不满意，认为我们报价过低，于是找其他公司报盘出售。

（3）业主只是咨询不报盘。咨询后有顾虑，需要再三斟酌。

（4）业主连环单报盘。特殊问题，报高卖不出去，报低换不到合适的房子。

针对以上问题，常见的错误做法有：遇到业主报盘，上来就报价格；因为怕业主不报盘，所以故意报得高些；简单了解业主需求，不看房就报价；一口报价或是根据业主的表述，凭喜好报价；先报房，一段时间卖不出去，之后再议价；询问业主想卖多少钱，任凭业主报价；针对性的建议只给一次，业主不改就不再坚持给建议；房源太多，报价高的就先放着，不着急维护；如此等等。

其实一个合理或是具有吸引力的报价，会让更多的客户产生看房兴趣，经纪人也会更乐于推广，从而让房源销售的速度变快。不管我们与业主的关系如何，维护的状态如何，最核心的目标是把房子卖出去，一个合适的价格会让目标达成得更容易。

没有卖不出去的房，只有卖不出去的价格。那如何让我们的报价更符合市场需求？我们先把报价的场景进行分类，然后根据场景来针对性地梳理方法。

1. 业主到门店报盘

首先要做的是不着急报价，一定要利用店面优势，多去了解业主的售房需求，例如：为什么卖房，有没有什么特殊的需求等。同时要利用系统优势详细讲解一下周边房源的报价及最近的成交价格，可以根据相同户型和装修对比给出合适的区间价格供业主参考。如果遇到业主着急出售，要把可能出售的时间区间告知业主，还要满足相应的出售条件，例如：看房是否方便，家电是否赠送等，并提出建议。急售的核心除了看房方便就是价格，可以根据业主的急迫程度给出最合适的可成交价格。

2. 业主在电话里报盘

我们要做的是争取见面报盘的机会，两种情况：一种是着急问价格，快问快答型，这种业主可能会多方询问价格。这样的情况需要我们经纪人能够真实提供近期的成交价格，要求看房评估后再给出合适的价格，如果报盘很高，则不容易卖出去。我们不是为了维护更多的房源而存在，我们的目标在于快速出售房源，尤其是房多客少的城市伙伴更要注意此类问题。另一种是询问比较详细的业主，我个人觉得这样的业主更诚心一些，了解清楚，报价也会更合理。

建议大家先从介绍自己开始，因为电话端的信任关系建立是有难度的，所以要先从建立信任开始。工作的时长、成就等，简单介绍几句，方便建立信任感，之后围绕需求来询问问题，介绍商圈，实地看房评估后给出更合理的价格，策略上可采用先报价再修正。

3. 业主在小区附近报盘

带看中或是在社区驻守时遇到业主报盘咨询，首先建议你在社区开发时所带的工具要全面，房源纸、名片、小礼物等，不可或缺的是附近小区的在售房源钥匙。带钥匙有两个好处：第一是若遇到客户可直接形成带看。第二是业主会认为你有很多资源，比较倾向认定你是专业的和被很多业主信赖的。有些人会直接询问附近或是本小区的某户型多少钱出售，作为经纪人要先辨别对方是业主还是客户，可以先寒暄几句再给出区间价格，这样更容易让你在短时间内获得更多的信息。有条件可以带业主去看一下有钥匙的房源，参考楼层和装修，通过带看更好地了解业主的情况。如果业主是老年人，只想单纯了解一下市场情况或是指定小区内某户型的价格，当场报盘的情况比较少，需要长期保持联系和沟通，建议留下联系方式，方便后期沟通和确认。

4. 业主委托他人来报盘

这种情况通常是业主不在本城市居住，我们需要了解市场情况及价格走势，给出持有、出租、出售的不同建议，让业主间接了解更多信息，通过我们的分析来评估自身情况再作选择。委托报盘时一定要获取真正业主的联系方式，售房证明等材料要齐全，确保可以正常上市交易。他人委托往往更容易多家报盘咨询，所以在接待非业主本人报盘时，更要体现专业度，可以从商圈、楼盘在售房屋情况及最近成交价等方面介绍。

以上这些方法能够提升大家在引导业主报价方面的专业度，让业主感到满意并给出合理的价格。为了实现这一目标，我们需要认真对待每一个环节，用心去处理每一个细节。在处理过程中，我们需要具备利他思维，始终将业主的利益放在首位。

拍实勘时拉近与业主的关系

从业主报盘开始，我们与业主见面的机会不多，这就要求我们要利用一切可以见面的时间建立好链接，维护好关系。实勘是报盘后拉近与业主距离的好机会，在勘察房子时给业主提建议，可以使业主对我们的专业度有基础的判断，进而增加信任度。一个好的建议可以让房源出售的速度变快，也能在沟通时观察业主的家庭情况，方便找到决策人。

可以拍实勘的场景有哪些？

业主报盘后可以立即拍实勘，若当时拍摄不方便可以约定某个时间拍实勘。

拍实勘时常见的冲突有哪些？

没有在报盘时和业主沟通拍实勘的重要性。业主报盘时的关注点往往在报价上，很容易忽略销售所需要的一些细节，经纪人倘若没有重点介绍，业主本身是意识不到的，所以实勘本身是什么要和业主说清楚，不要让他们认为拍摄仅是为了展示给客户。

拍出的照片效果不好，影响销售。80%以上的经纪人没有接受过专业摄影方面的培训，并且大都是手机拍摄，照片后期也没有过多处理，拍出的效果不好，影响销售。

拍照时未及时和业主确认，涉及业主的隐私。没有和业主提前沟通，房屋里个人物品较多的情况下拍完就走，后期处理麻烦，不处理便上架容易涉及业主隐私,导致投诉。

针对以上冲突问题我们常见的错误做法有:只和业主提及一次,能否实勘靠碰运气;业主家里脏乱差,不知道如何给业主反馈;去业主家实勘时,不知道说些什么;拍完就走,后期没有任何反馈。

拍实勘时与业主拉近关系,掌握好的时机很重要,怎样做可以更好地解决这个问题呢?以下五个场景的应对方法可以参考。

1. 邀约实勘时

常见的邀约实勘的场景有门店报盘、电话报盘、邀约现有库存房源。这些场景是一切沟通的开始,先勇敢邀约,告知业主实勘的好处,可以通过一些数据,如有无实勘的出售速度的对比、外网浏览量对比、客户咨询量等,让业主对实勘拍摄的重要性有基本的了解。

2. 同行的路上

这个场景常见于门店报盘时直接和业主到房子里勘察,从门店到业主家里这一段路程非常重要,在有限的时间里,可以近距离了解业主的性格和出售情况。这个时间不能冷场,要有一些好问题,例如:您当时为什么买这个房子呢?住了多久?有没有一些让您特别难忘的记忆?有没有一些您觉得特别好或是不太好的地方?现在为什么要出售呢?家里的人都支持出售吗?这个环节的主要目的就是让业主多表达。

3. 实勘现场

这个环节是最重要的环节,是向业主彰显我们专业能力的好时机。从房屋的规划开始分析，有些房子的格局很好，但是房间内的摆设破坏了布局的整体性。有些房子采光很好，但是屋子里杂乱的衣服遮挡会给采光减分。有的业主私人物品较多，匆忙拍摄有曝光隐私的可能。所以拍摄时要注意提示，现场根据实际情况给业主一些专业的建议，条件允许的情况下帮助业主一起让房子变得更好。

在拍摄时为了避免冷场，还是要准备一些问题，这个环节的沟通可以更加专业细致些，如腾房和看房的时间、联系人，我们在实勘后的销售动作有哪些，集中邀约和带看的节奏，能否留钥匙等。同时在拍摄结束后，一定要让业主看一下拍摄的内容，请他确认是否可以。这个场景要让业主感觉到我们的细致服务和房子待出售的期待感。

4. 房源上架宣传后确认

上架后给业主及时反馈，房子照片内外网呈现展示时，拍摄相关的照片或是链接，告知图片已全网上架，销售正式启动，阐述未来一系列的销售策略，让业主放心。

5. 不定时反馈

大多城市房多客少，有大量积压未出售的库存房源，因为精力有限，经纪人会忽略报盘周期较长的业主的感受，所以针对实勘后一段时间未出售的房源，我们需要不定期反馈。一次空看、一次聚焦房源、一组带看、一个意向，都要让业主知道，在社区驻守、发宣传信息、为房子打扫卫生、开窗通风时将信息回馈给业主，让业主知道我们正在努力销售这个房子。通过客户的反馈和业主沟通价格，不要自我设限，客户能接受、给出的购买价格才是市场价。客户不加价、业主不降价都是非常正常的，我们要做的就是把真实的情况告知业主。大胆给出建议，我们的目的不是帮业主提高或是降低价格，而是帮助业主销售。

虽然实勘是销售房源中一个很小的环节，但它非常重要，与其坐在店里无所事事，不如走出去，即便是房子有实勘照片，实地勘察也会让你有意外的收获，这种收获可能是一种对房屋的直观感受，也可能是一种对周边环境的深入了解。更重要的是，保持忙碌和有事可做能够让你的内心感到踏实。房产经纪行业是一个需要不断努力和积累的行业，日拱一卒，积沙成塔。我们的努力就像顺坡翻滚的雪球一样，日复一日，越滚越大，最终实现正向驱动。

收钥匙的方法

房源作为需求关系里的供给侧,得房源者得天下。一套委托房源如果能收到钥匙,除在业绩端有加码之外,还意味着收获了业主的信任。为业主做好服务,大概率会出现连环单或是转委托,能在小区邻里间为你建立良好的口碑,为本小区的其他房源委托打下坚实基础。

收取钥匙可能发生的情景有哪些?

业主不住在房子里,诚心出售,希望尽快成交;业主不住在房子里,但住在附近可以给开门;业主不住在房子里,附近有亲朋可以开门;业主住在房子里,工作日不安排看房;业主首次出租或出售,不清楚钥匙委托的服务等。

基于这些场景,经纪人在收取钥匙时可能出现的冲突有:业主不放心将钥匙交给中介,担心财产安全;业主着急卖房子,希望多家委托;业主觉得看房时有人开门就可以,没必要留钥匙;业主担心看房时自己不在,泄露隐私。

面对以上情况,我们的错误做法有:业主报盘时并没有向其提及钥匙委托服务;听说业主或亲友能来开门就放弃收钥匙;业主住在房子里,没想过可以收钥匙;收钥匙不及时,被他人收取;留钥匙的好处对业主讲解得不清楚;收钥匙的提议只和业主表达一次;等等。

空房、自住、平时看房不方便、业主急售的房源、新登记的房源、租期即将到期的房源等，均属于常见获取钥匙委托的房源。根据业主是否自住及常见的收钥匙的痛点，为大家进行以下梳理。

1. 业主不自住，诚心急售，但看房不方便

在与业主沟通的过程中要强调留钥匙的重要性，讲解时通常可以采用"专业性＋场景代入＋故事化"的方式，从经纪人的销售意愿来进行讲解：身为销售，总是会遇到一些突发状况，好不容易将客户约过来，但是业主或是他的朋友临时开不了门，客户来了看不了房，导致房源缺少了很多这样类似的带看，所以我们在选择匹配和约看房源的时候，会优先挑选那些看房方便的房源。并且经纪人更倾向于带看靠谱的房源，什么是靠谱的房源呢？用专业性的指标来衡量，就是房源分值，将所有已委托房源进行评分，维度包含价格、装修、楼层、性价比、稀缺性、是否实勘、是否收钥匙、业主是否满足签约条件等。房源分值高，经纪人自然就会觉得房源靠谱。业主留了钥匙，则代表业主诚心出售，经纪人在约看时就更容易也更愿意推荐。不仅如此，如果一个经纪人在店面刚好接待了一位优质客户，他一定会优先推荐当下能形成带看的房源，所以从经纪人销售意愿和成交概率上来说，留钥匙很有必要。

2. 业主不自住，因为信任问题不留钥匙

这类业主通常为首次出售业主，之前没有留钥匙的经验，又或是曾经有过留钥匙的惨痛经历，如房子内财物丢失、中介公司人员在房子里抽烟、卫生间使用后不冲水等。我们除要讲解留钥

匙对房源出售的好处之外，更重要的是拿出钥匙委托协议逐条拆解。钥匙放在店内实际上是一种甲乙双方的委托协议，在钥匙委托期间，房屋内的物品设施是有非常明确的责任方的，在委托之时，无论是房屋内的水、电、燃气还是家具家电，都会明确地登记在协议中。同时为业主讲述标准化带看的流程、钥匙保管流程等。其他中介公司的经纪人要来看房，房源维护人会进行陪看，并且收钥匙的人会在非带看时间定期开窗通风及做好房屋保洁工作。遇到阴天下雨等特殊情况，也会为业主提供各种服务。如果业主还不放心，可以建议其购买一个摄像头安装在房屋内部的桌子上，这样能够看到所有进来看房的经纪人及客户，发生问题有据可依。解除业主的后顾之忧，才能加快房源销售。

3. 业主希望多家委托留钥匙

业主的核心诉求是尽快出售，多家委托留钥匙的行为完全可以理解。首先要和业主解释清楚留钥匙在一家公司或多家公司不发生冲突。如上所述，当业主将钥匙委托在本公司后，平台内所有联网门店，只要有带看，系统内都会跟进和记录，房源维护人也会跨店陪看，其他非平台联网的经纪公司，有客户我们依然会为其开门，促进看房。同时也要做好相应的风险提示，为业主讲解我们遇到过的钥匙多方委托的案例。例如 3 家公司同时收取钥匙，就意味着同时存在 3 家不同的标准化流程及协议。房屋内物品一旦损坏，很有可能没有任何一方愿意承担责任，互相推诿，会因为无法定责而导致业主无法获取赔偿。相比之下，单独委托，其责任界定会更清晰。

4. 只提议一次收取钥匙，业主不同意就放弃

常见的情况是业主报盘时经纪人会向业主提出留钥匙方便看房的建议，一旦业主不同意，大多数经纪人就不再争取了。想要让优质的房源快速销售，就要想办法让房源随时可以被看到，这个时候我们就要分析业主不留钥匙的原因，追根溯源，逐一击破。

当业主将钥匙交到你的手中时，他们也同时将一份深深的信任赋予了你。这份信任使得你有义务站在他们的角度，替他们排忧解难，解决他们可能遇到的问题。无论是房屋维护、找寻潜在的买家，还是处理各种突发状况，你都需要具备快速反应和解决问题的能力。当业主遇到困难或提出疑问时，你需要用你的专业知识和经验来为他们提供可行的解决方案。

在遇到拒绝或困难时，不要气馁，去尝试新的方法，去寻找新的机会。不要让不好意思成为你前进的阻碍，时刻保持清醒的头脑、敏锐的洞察力，以及良好的人际交往能力，始终牢记，我们的最终目标是帮助他们快速将房源销售出去。

空看房子到底看什么

空看，顾名思义就是没有客户的情况下去房子内查看，以达到了解房源基本情况的目的。知己知彼，全面洞察，可以提升客户的满意度、信任度，是房产经纪人专业度的体现，在助力成交方面起到了关键性作用。

空看的场景选择：房子有租户、业主急售、房子空闲有钥匙、新增房源、热点房源、稀缺房源，其实只要是在售房源，都可以进行空看。

空看常见问题如下。

（1）空看后不能很好地给客户介绍房源。经纪人在空看时只是看一下房源位置或者在空看时走马观花，对房源印象不深。甚至空看过的房源，实际带看时却找不到房子。

（2）空看人少或者过程混乱。组织空看时，当成例行公事，习惯性地发房源地址和空看时间，没有吸引力。组织空看的过程，没有很好地进行流程设计，导致过程混乱。

（3）相隔时间久。空看过的房源长时间不再看，无法实时了解房源的最新状态。

（4）租户不配合。

面对以上问题的常见错误做法有：空看结束后没有后续动作；陪同带看时只是负责拿钥匙；组织空看房源只是发个通知；为完

成空看任务，只看方便看的房源；用 VR 看一下房源信息，就等同于自己空看了。

实地勘察可以让我们对房源印象更加深刻，对周边配套设施烂熟于心。空看过房源后更了解房源优缺点，对于业主需求的把握更加明确。百听不如一看，空看要远比听别人说更加直观和真实。

1. 空看前有准备

自己空看，相对来说自由度高一些。要做到有计划地空看，首先要准备空看的房源。房源的类型挑选很重要，分别是：钥匙房源、业主刚委托的房源、其他同事带看的房源。准备房源的信息也很重要，查看并记录房源基本信息，含房源登记信息、以往跟进信息、客户需求信息等。空看时可以带着工具，如钥匙、鞋套、空看表、笔、本、测量仪等，对于自住或有租户的房源，要提前告知，征得同意后方可进行。

陪同空看一般适用于新人，当他人带看或空看时主动陪同。如果是别人组织的集中空看，要提前查看空看规则。如果是自己组织集中空看，要合理安排空看的时间和人群，避免扎堆，避免造成混乱，可以邀请业主讲房，并为其准备一些小礼物。

2. 空看中抓重点

针对出租和出售的房源，我们需要了解的信息有差异，所以空看的重点也有所不同。

共同点都需要了解房屋具体的位置及带看路线，详细的交通情况（交通工具、所需时间、交通路线等），房屋是否有瑕疵，周边是否有嫌恶设施，邻里居住习惯及楼道物品摆设。

针对租赁的房源我们还需要重点查看装修程度、各房间朝向、采光情况、格局改动，家具家电是否齐全、新旧程度、是否可调配等。对于房子的租金、租期、付款方式等情况可以向业主询问，告知业主关于客户的弹性需求，如不同价位，一些物品的配置及付款方式可否调整。

针对买卖的房源我们空看需要格外注意房屋性质、售房原因、房屋税费、户型图等。

若是陪同空看，我们可以学到同事的房源介绍及带看方法，怀着空杯心态，少说、多听、多看。

3. 空看后有规划

空看后需及时跟进。首先要进行整理汇总，填空看表、画户型图，便于记忆，总结出至少三大卖点。对于空看房源存在的问题，一定要有疑必问，立即咨询房源维护人、业主。其次针对每套房屋要有一个清晰的客户画像，例如空房出租业主不配家电家具，那只能适合自有家具家电齐全的客户；一层带小院出售，首选老人、腿脚不方便、有花园倾向的客户。最后还要在系统内查看本小区是否有替代房源，这样后期有客户时才能形成一带多看。

4. 空看注意事项

房源不可能只空看一次，随着时间的推移及业主心态的变化，房源的状况也会发生变化，要随时关注，让自己的脑中有房，这样才有足够的信息介绍给客户。空看房源除了解房源之外，更重要的是了解业主为什么出售、住在房子里的感受等，并且根据房源的实际情况给出业主售房的建议，如家具家电的摆放会影响房屋的全貌，房间里的杂物特别多会影响房子的美观度，也会让房子看起来狭小，房间的灯光明亮度会影响晚上看房客户的情绪，等等。

空看，让脑中有房，心中不慌。通过空看，你可以充分了解房子的布局、设计、结构和细节，你可以发现房子的优点和缺点，更好地权衡利弊，作出明智的决策，从而更好地判断是否符合客户的需求和期望。

不要担心空看是在浪费时间，因为无所作为才是真正的浪费时间。当你对一套房足够用心时，便是它回馈你之时。

业主配偶不同意出售

已婚业主出售房源,其中一方不同意出售或对房屋出售存疑时,要格外注意,容易引起房源带看后客户不能顺利购买的情况发生,从而造成客户流失。如果在交易过程中出现这种现象,应该及时同业主沟通,分析是否是因为情感、成交价格、产权等问题产生分歧。针对不同的情况予以妥善处理,最终促成双方的交易。

业主配偶不同意出售的场景可能发生在房源报盘后、斡旋谈判时、合同签约后。

根据以上情景,我们分析业主配偶不同意出售的常见冲突有四种,分别是:(1)双方有一方觉得价格卖低了,想涨价;(2)市场政策变动,业主对未来持观望态度;(3)报盘后双方感情发生变化,配偶想保全财产;(4)同业联系业主的配偶,竞对公司在价格和情感上占优势。

面对以上冲突,经纪人若没有做好准备,只能被动接受房源下架,合同无效;或协调无果,最终损失了单子。

针对业主配偶不同意出售的情况,一般建议从三个方面解决问题:一是报盘前协助业主合理报价,有据可依;二是斡旋时和签约前厘清产权关系与法律流程;三是签约后对业主及家人做好签后维护及跟进。具体策略方案如下。

1. 协助业主合理报价

报盘时要给业主制定合理价格，不能因为价格低好销售就故意报低价，更不要凭借经验来判断。我们可以把近期的成交数据提供给业主，让业主有据可依，知道自己的房子适宜报的价格区间。有实际成交作参考，业主更容易明确自己是否要报盘，什么样的价位相对合理，降低后期反悔的概率。也可以为业主展示目前在系统上已报盘的房源，找到同户型竞品房源，根据在售房源的基础信息、带看次数、反馈情况来帮助业主制订初步的出售计划。

2. 斡旋时和签约前厘清产权关系与法律流程

买卖双方的交易是受法律保护的，须在双方自愿的前提下进行房屋买卖交易，这里提到的双方中的业主方是指有产权权属关系的权利人，如上述情况涉及配偶关系的，应务必确认配偶是否同意出售。根据我国相关司法解释，夫妻一方在婚前承租、婚后用共同财产购买的房屋，房屋权属证书登记在一方名下的，应当认定为夫妻共同财产。当双方对夫妻共同财产中的房屋价值及归属无法达成协议时，人民法院按以下情形分别处理：（1）双方均主张房屋所有权并且同意竞价取得的，应当准许；（2）一方主张房屋所有权的，由评估机构按市场价格对房屋作出评估，取得房屋所有权的一方应当给予另一方相应的补偿；（3）双方均不主张房屋所有权的，根据当事人的申请拍卖房屋，就所得价款进行分割。

所以，无论房本上是否有对方配偶的名字，只要确定对方是已婚状态，配偶必须签署类似"配偶同意出售证明"的文件，如果房本上有对方配偶的名字，签署合同时必须双方都签署才能生效，否则后续业主可以因合同无效而违约。作为居间方如果没有为客户把握好风险，则要承担相应的责任。

在为双方厘清产权关系后，也会出现配偶临时不同意出售的情况。例如业主配偶接了一个电话之后说了自己不舍得卖这套房，毕竟住了很多年之类的话。这种情况大概率是价格问题，业主可能感觉房子卖便宜了。这个时候不要慌张，先将业主和客户分开，与业主表明我们的态度。首先在报盘时已经进行了有据可依的合理报价，也帮助业主查看了小区内的竞品房价，科学合理。再者房子价格因时因地，必然会有一定的偏差。

要强调整个交易流程的对象及交易流程当中的顺畅性、安全性，表明诚意。不排除其他公司或是未来有客户也会购买这套房子，但价格高低不确定，交易周期不确定，其他因素如腾房时间、户口等都是隐患。

如果业主确实是因为感情上的问题无法割舍，可以帮业主回溯一下初心，卖房的根本原因是什么；如果是为了让生活得到更好的改善，那这套房能够找到一个好的买家也是一种好的归宿；如果业主一定要涨价出售，在努力争取平衡的同时，如实告知客户，不能替客户作决定。

3. 签约后对业主及家人做好签后维护及跟进

成交是服务的开始，交易进度每天汇报，重点问题面访答疑，提前做好预期管理。若同业联系说成交价低等情况，建议业主认真思考，减少外界干扰。强调安全、顺畅才是房产交易的重要部分，有任何疑惑或不懂的涉及房产相关的问题，随时随地可找到经纪人进行沟通。

在整个销售过程中，明确产权关系的归属，识别出关键的角色，是至关重要的。这不仅涉及法律层面的问题，也关乎客户的切身利益。为此，我们需要深入了解业主的家庭情况，全面掌握他们的需求和期望。在推进产权归属人共识的过程中，我们要展现出专业的素养和能力，诚信、公正、透明，充满人文关怀，关注房子背后的故事，关注业主的情感需求，以减少作业过程中的不确定性，确保交易顺利进行。

看房不方便

房产是高标的产品,购房者需要用很长时间积攒购房资金,甚至很多家庭购房是双方父母共同出资,如此大宗交易,决策成本高,客户需要实地多次考察,才能不断明确需求,所以房源端看房的便捷性会直接影响成交。日常作业过程中,经纪人习惯带看有钥匙、看房方便的房源,如果看房不便,经历两次后经纪人就会忽略该房源。

看房不方便的主要场景有:房子里有租户,他们担心被打扰,不愿意配合;房屋空置但业主住得远,过来不方便;业主平时工作比较忙,时常联系不上;房屋目前业主自住,考虑换房但不着急。

看房不方便易出现的冲突如下。

(1)影响客户看房感受。大多数客户看房是下班或周末休息时间,频繁看房影响租户生活,有些租户因为不想搬家不愿配合看房。

(2)业主产生反感。很多经纪人为了带客户看房频繁地给业主打电话,更有甚者直接带客户敲门。

(3)有些业主住得远或者换房不着急,不配合看房而导致错失客户,致使成交周期变长。

(4)经纪人对房源关注度低,房子被其他公司成交。

（5）客户的需求是购房，谁能帮助他找到合适的房源，客户就和谁成交，很多时候客户不止联系一位经纪人，一旦推荐的房源看不了，客户的耐心就被消耗掉。

针对以上问题，经纪人常见的错误做法有：只带看有钥匙、看房方便的房源；错误解读业主售卖的诚意；频繁地给业主/租户打电话；向业主反馈租户不配合；邀约业主来开门无果；邀约看房后没有任何反馈。

得好房者得天下，好房的前提条件是方便看。我们对以下场景进行分类，针对性地梳理出破局方法。

1. 房子里有租户，不想总被打扰

业主报盘后，首次看房时邀请业主帮忙引荐，进行自我介绍，留双方联系方式。与业主、租户建微信群，看房时同步信息。运用同理心，了解租户不配合看房的原因，排除租户的顾虑，承诺房源登记出售进行专人维护，约定看房时间，告知"买卖不破租赁"，帮助协调新业主续租，如果新业主不续租也可以帮忙寻找新房源。

为了便于下次看房好邀约，每次带看时注意细节，随手开关灯，登门和离开时礼貌沟通，带看后表示感谢。登门时可以买些水果或小礼物，定期问候。

2. 房屋空置，业主住得比较远

这种情况下要争取收钥匙，告知业主留存钥匙的好处，告知现有库存在售房源中有钥匙的房源的成交周期短，给予业主一些安心承诺，打消其顾虑。

3. 业主工作比较忙，不方便联系

首先，可以在房源挂盘时了解房子的情况，提前告知业主有关客户的主要来源及带看频次。除预留业主电话外，可以预留业主配偶或其家人的电话，以便邀约看房。其次，组建业主售房维护群，建议业主将其家人邀请入群，有任何房产动态及信息都可以在群内进行同步，在业主时间不方便但有客户看房时，家人可以帮忙开门。最后，可以根据业主工作情况提前确定好固定时段来看房，承诺尽量做到不影响业主，日常邀约都以微信的形式进行，减少电话沟通。

4. 业主自住，换房不着急

业主自住考虑换房，主要目的是提高居住的舒适度。对于家里有老人和小孩的业主，应提前做好沟通，标记清楚房屋情况，选择带看的时间要避开老人和小孩休息的时段，减少打扰。对于置换没有看到合适房源的业主，可以根据业主换房需求推荐合适的房源并邀约看房，帮助业主选到心仪房屋的同时让更多的经纪人协助带看此房。即便在业主没有看好合适房源的情况下，也可以建议业主允许经纪人对自己待出售的房子进行带看，储备客户。

5. 业主自住且着急出售，但看房不方便

针对诚心出售的业主，在价格有优势的情况下，解决了看房问题就等于看到了成交的希望。若看房不方便，要沟通了解，是时间不方便还是家庭生活需要私密性，不方便打扰。

若是时间不方便，果断向业主提出留钥匙的建议，有客户看房前先联系，得到允许再敲门进入房间，每次带看由专属经纪人陪同，最大限度地保障业主自住时房屋内的个人隐私安全。若是需要私密性导致的不方便，那 VR 带看不失为一种办法，在判断客户有明确的意向性之后，再联系业主看房。

找到房源不方便看的原因，站在业主和租户的角度去考虑问题，为业主着想，为租户着想，他们也会对我们多一些宽容、理解和支持。当看房变得顺利了，整个局面都变得明朗起来。

业主报盘许久未出售

一些房源已经在中介公司登记很久却未能出售,连带看都很少,这时候业主就会很着急,对我们不再信任从而造成房源流失,发生这样的情况和业主、经纪人都有密不可分的关系。

业主报盘很久未出售可能出现的场景有哪些?报盘许久咨询量少,带看寥寥无几;报盘后带看量多,但一直不成交;房源价格一降再降,反复试探市场,几次都没成交;业主质询很久未售出的原因;业主和客户谈判以失败收场。

报盘很久未出售的常见冲突有很多,比如,房源价格远高于市场价且业主不降价,同品类的房源较多,看房不太方便,房源有缺陷,业主换房还没有看到合适的房源,业主家庭内部没有形成统一意见。

针对以上的冲突问题,经纪人常见的错误做法有:直接打电话让业主降价;谈另外一套性价比高的房源;专注为"盘中客"找房;价格高就先放着,等降价再带看;直接询问同事看房是否方便、业主是否讲价,实际自己连电话都没给业主打过;未对业主提起过我们有钥匙委托服务;主观判断这套房子不好卖,不给客户推荐;等等。

从业主的角度分析有两种可能:一是业主诚心出售但不急售。报盘的业主都是有出售诉求的,不着急出售无非是价格和自己的预期有距离。二是经纪人没有帮助业主找到未出售的真实原因，从而使业主产生了对经纪人能力的不认可。业主既然选择报盘，就意味着初期是信任的，为了不失去这份信任，经纪人要对报盘的业主负责，有义务让业主实时了解自己房源的销售状态，接下来根据上述场景及冲突，分享一些参考性解困法。

1. 房源价格高，业主不确定是否降价

首先要采用电话沟通的方式和业主建立初步链接，并争取形成面访。每天给业主打电话的人很多，且大部分经纪人是问价格，因此建议以面访的形式进行沟通。当然，无论是打电话还是面访，我们都要提前进行准备，有数据支持，目前同小区同户型在售房源有多少套，报价分别是多少（这些在售房源可以给业主一个参考，房源与众多竞品在一起出售，如果不优质，销售周期自然就会拉长）？最近同小区同户型的成交价格是多少？成交周期是多久？它们的卖点和优势是什么？

我们要通过近期成交的数据为业主提供参考依据，什么样的价格在什么样的周期内便于出售，出售整体流程是什么，周期要多久。我们可以提供哪些服务及保障，如贷款、面签时间、首付什么时候到位、何时过户、何时收到尾款、何时做物业交割等。业主清晰了流程，也就会根据自己的需求来判断是否对价格进行调整。

2. 业主报价高，"盘中客"需先置换再调整价格

在很多连环单中这种情况是比较常见的。如果是上行市场，业主出售时并没有看到合适的房源，容易出现的痛点是，因腾房周期有问题而导致没地方住。房子出售了房款没拿到，但想买的

房子价格在持续攀升。针对此类业主，我们需要做的是合作，在了解到业主有换房需求时，帮助业主了解整体交易流程及进度，让业主知道出售房屋后多久能够拿到钱。

如果是下行市场，要提前降低业主的心理预期，先买到合适的房子，自己的房子很容易也随着大趋势降价，所以提前让业主知晓自己的房子多少钱出售才合适非常必要，达到可换房的条件即可成交，无须等待。

差价满足预期是连环单业主的突破口。

3. 业主看房不方便

在任何一套房屋报盘时，都要了解房源的所属人是谁，是否具备上市出售的条件，既要了解房产属性又要清楚产权归属问题。同时也要告知对方，委托报盘后经纪公司可提供的服务有哪些。在报房时要打下基础，告知业主看房方便是快速成交的关键因素，想办法克服看房难的问题，如果是自住和空置可以收取房源钥匙，如果是出租可以和租户保持沟通，搞好关系。

4. 家属出售意见不统一

业主家属不同意出售，可能是由于价格与出售预期不一致。需要针对心理价格高的一方做议价工作，可以从出售原因、成本、现行市场等多方面说明，同时要考虑业主婚姻状况，因为涉及隐私，建议审慎婉转询问，比如"涉及出售房源，要求有配偶同意出售证明，这个您能提供吧？需要两个人同时出席没问题吧？"如果出售意见不统一，一定要谨慎，有可能触发一方为保全财产，不能正常办理过户的情况。

以上均是业主方的问题。经纪人对于房源出售信息反馈不及时、不重视也是房源长期未能出售的原因，只要业主有售房需求，就希望听到关于房源的出售建议与反馈。所以加强与业主的沟通，也是我们必须做好的关键事项。

双向奔赴、齐心协力体现了经纪公司和业主方在售卖时的目标一致性，及时反馈，保持中立，合理建议，个案分析，才能缩短房屋的成交周期，帮助业主实现卖房、换房的目标。

怎么做好电话回访

日常作业过程中,经纪人更注重带看,带看后回访做得非常少,不及时、不准确,以至于业主无法了解自己房源的真实情况。

电话回访时产生的问题,主要有以下四种情况。

(1)回访时,一味地让业主降价。长期未售出,无效沟通,引起业主不满并选择多家公司报盘。业主希望经纪人可以给予正向的一些建议和客户看房的反馈,但接到电话就是商议降价。

(2)给业主打电话说不清楚要点,浪费时间导致业主反感。问题答不上来,近期成交和带看客户情况说不清楚,目的不明,无效沟通。

(3)无回访或回访频次不够。房源信息变化如房源降价或成交了,经纪人不知情。库存房源多,回访频次不够,许多房源报盘时价高或房源不够优质,被定义为非首推房源,挂盘很久都不会联系一次业主。

(4)为了回访而回访。经常回访但依旧卖不出去,不知道怎么分析和解决问题。

有效的电话回访有助于赢得业主的信任,可以探询底价,增加与业主之间的黏性,促进成交。那么应该如何做好电话回访呢？我们把电话回访的场景进行分类，然后根据场景来针对性地梳理出应对方法。

1. 报盘后回访

在业主报盘后进行电话回访，介绍自己，让业主知道自己是房源维护人，专属负责业主房屋的推广宣传。了解业主售房的原因，是空置变现还是置换改善。询问房屋目前的状态，是自住、出租还是空置。空置状态下，可以沟通是否能留钥匙；如果出租的话，确定租户合同到期的时间。了解可看房的时间。确定业主售房的急迫程度，是否是房屋产权人或决策人，是否有特定的要求，比如，希望对方是全款客户，不接受换房或组合贷款客户，出售后交房周期长，等等。

2. 带看后回访

带看后要及时（带看当日或次日）进行回访，避免出现业主抱怨的情况。可简述客户情况，包括客户当日看房的时间、看房的人数及客户的基础情况，帮助业主了解客户，整理信息。反馈内容包括看房后的满意度及提出的一些异议等，例如客户觉得装修简单、房间杂乱或是采光不好等。通过客户侧的反馈，关注业主的状态来探询业主的期待。如约定二次看房，什么时间方便；客户是置换，需要3个月左右过户，是否接受此周期；客户可全款，底价是多少。

同时给出合理的售房建议，如："您这个房子目前自住，保养得很不错，只是卧室的阳台堆砌的物品比较多，影响了房间的整体视觉，建议您规整一下。这样客户看房的效果肯定会好很多，也更有助于房子快速销售掉。"

带看后回访,宗旨是站在业主的角度思考问题,做到信息100%反馈,做到带看后当日或次日进行回访。以下供参考:"×女士您好,我是××公司的经纪人,昨天下午三点带客户看过您家的房子,客户是准备给孩子落户上学的那对年轻小夫妻,您还有印象吗?他们对房子比较满意,想了解下您这个房子如果成交的话可以接受组合贷款付款吗?最快多久可以交房呢?他们准备回家商量一下,如果可以的话,准备让家里老人也过来看一下。如果双方都谈得很满意,那价格还有多少空间呢?"

3. 日常维护回访

针对非主推库存房源的业主也要做到定期维护,保证每周一次电话回访。有两个目标:一是告知业主近期的成交房源情况,把同户型成交的价格给业主作参考。二是了解业主当下的售房情况、心理价位等,根据业主当下的需求状况结合市场成交价给出合理建议,便于做好房源价格的及时调整及推广,避免房源丢失。

对于长期未能出售的空房,业主降价意愿不高,可以建议业主售转租,增加业主收入的同时做好持续维护。以下供参考:"×先生您好,我是××公司的经纪人,看到您有一套挂盘6个月的在售房源,您如果不是很着急出售的话,建议以租代售,我们帮您找一些短租或者能够配合日常看房的客户,哪怕价格便宜些,您也是有些实际收益的。如果您一心想要出售,也可以参考市场成交的价格,适当调整一下价格,这样的话出售希望会更大些。"

以上三点是电话回访业主的场景及应对方法。除此之外,一定要时刻谨记：电话回访业主，需注意选择合适的时间段，回访要及时，日常维护的电话回访要定期，养成习惯，不要怕回访打扰业主，比起这个，业主更希望清楚地知道房源销售情况。不偷懒、不犹豫，不方便面访或电话沟通的，邮件、微信、短信都可以，别让机会和信任从你的手里溜走。

业主不降价

面对降价要求，业主都会表现出抵触。业主不愿意降价，有以下几种可能：第一种是经纪人在日常与业主沟通房屋价格时，出现对立状态，让业主产生经纪公司为了成交在打压业主房价的感受。第二种是业主曾经高价购房，不愿意低价出售，希望最大限度保留利润空间。第三种是业主对市场很有信心，不着急出售。第四种是业主不太喜欢经纪人的沟通方式，对经纪人信任不足，不想告知最真实的底价。

针对以上情况，经纪人的常见错误做法有：报盘时以获取房源委托为目的，向业主的不合理报价妥协；沟通报价时，经纪人无议价动作；没有真实客户却告知业主有客户咨询，来探询业主底价；给业主施压，告知业主小区内很多价格低的房子都没有出售；不推报价高的房子。

我们容易忽视一个重要的共识，即经纪公司的目标和业主的目标非常一致，那就是把房子卖出去。如何把握尺度，让业主感受良好，从利他视角出发，可以参考下面几种方法。

1. 换位思考，让业主充分表达想法

仔细回忆你与业主的每次沟通，是不是开始就想以宏观的视角，用历史数据反馈让业主了解市场行情，然后给出"专业"的价格？这种方式很合理，但很容易让业主觉得你是在用经纪人的视角对他的房子进行评估，虽然客观却少了几分温度。

在用专业视角讲解前，可以先让业主说说他的想法，听听这个房子的特点、他们对房子的期待等。了解了这个房子背后的故事、对业主的意义之后，再询问业主期待我们怎样协助，这样综合下来，业主的感受会有质的差别。我们同一阵营、同一目标，让业主从心里觉得在这场交易中，你是为他着想的，这样就能为接下来的沟通打下良好的基础。

2. 有理有据，细节决定成败，切勿夸夸其谈

随着互联网的普及，报价、成交等信息越来越透明化，相比夸夸其谈地和业主说"您放心，这房子保证很快就给您卖出去"这类话，客观数据更让业主信服。我们将历史成交、同户型价格对比、周边替代盘售价这些数据准备充分，在讲解过程中结合业主传递的房源优势进行报价，适当给出弹性空间，并且要特别向业主说清楚这个空间是因房源的哪个特点而存在。例如："综合给您反馈的一些市场成交行情及现阶段在售房源数据，这个户型的成交价应该在180万元左右，根据您说的房子处于小区中心位置，视野好又是新装修，您的房子可以报到182万~185万元，先看下市场反馈，有意向客户后再具体调整。"这样表达既专业，也表示出了对业主意见的重视。

3. 关注带看数据，及时反馈客户看房后的想法

我们容易忽视一个关键点，很多时候不是业主不降价，而是业主觉得没有靠谱的客户，内心存疑。这就要求我们加强对带看后回访的重视。主要目的是让业主知晓客户的反馈，是价格高、

装修差,还是交通不便,以便作出对应的价格调整。信任是在一次次的反馈中建立的,特别提示,在反馈过程中要时刻记得反馈视角,以客户视角真实发声,如遇客户出价很低,也要如实告诉业主,业主可以保留意见,但是我们有义务如实告知,让业主自行评估。

价格沟通很难一蹴而就,它需要我们用较长的时间来建立与业主的信任关系,过程中可能遭受多次拒绝,这是很正常的事。业主每一次让步、每一次降价都是一次艰难的取舍,都是他诚心出售的表现。很多业主对亏损让利售房,存在忧虑与抵触情绪,我们用同理心去感受就好。坚持沟通,持续反馈,慢慢建立信任,合理的市价及成交只是时间问题。

在交易中,保持专业、冷静、客观,不要替他人作决定,只需坚持做好我们应该做的事情。

库存房源太多，怎么找到优质房源

经纪行业从业人员不稳定，会导致新人入职要承接大量房源维护任务，随着时间的增加、资源的积累，系统内及个人维护的房源持续增长，如何管理运营成了难题。

常见的几种情况如下。

（1）维护人不懂如何推广，优质房源没有得到及时的传递，影响了成交效率。

（2）回访千篇一律，没考虑业主方的诉求，没有维护重点，业主觉得没有受到重视，引发对维护人工作的不满。

（3）要维护的房源太多，日常业务很忙，精力跟不上，疏于管理和维护，没法了解房源信息变化。

（4）房源端分配业绩很少，不想维护，长此以往形成了负循环。

面临系统中的海量房源，我们先要定义什么样的房子是优质房源。重点可以关注两点：一是业主配合度，二是房源本身是否优质。具体观察以下几方面：

（1）是否方便看房。

（2）售房急迫度。

（3）业主配合度。

（4）报价是否合理。

（5）房源是否有瑕疵（如高额抵押、查封限制转让、顶层漏水、临主街等）。

除此以外，也可以从其他方面，如稀缺户型、黄金楼层、装修、小区位置等来综合对比。

怎样找到优质好房？首先基础动作是及时沟通并做好记录。不同的房源有不同的维护时间和方式，要做好房源分级，识别出哪些房源是好房。

A类房源为好房，完全符合优质房源条件，短期内可成交。

B类房源为准好房，基本符合或者符合3~4点优质房源条件，不符合的条件不会对签约造成阻碍。比如，看房时间只有固定时间可看、签约时间仅限周末、价格高于市场价3%左右、顶层临街等。这类房源一般没有问题，只是成交周期较长。B类房源也要定期重点维护，因为B类房源随时可能因条件改变而成为A类房源。

C类房源为待加工房源，基本不满足优质房源条件，如不能看房，价格高于市场价10%，业主不积极、配合度不高。此类房源需长期维护，积极和业主沟通，逐渐加工成优质房源。注意：查封限制转让、业主配偶不同意出售等不能签约的房源，不要投入太多的精力去维护。

如何加工优质房源？

（1）将基本信息完整、房源信息全面、出售条件成熟的优质房源加工成必看好房。提高曝光率、客户浏览量、关注度，吸引更多意向客户咨询、看房，促进成交。

（2）房源及时推广，线上信息透传，与店长、维护人等关键角色及时互动。线下实体店房源推广，组织集中空看，增加房源关注度，提升房源系统综合评分。

（3）固定频次面访回访，加深我们对业主售房需求的了解（变现、换房、出国），建立信任，减少因同业干预而影响业主判断的可能性。

（4）不定期议价，让业主及时了解市场出售情况。针对近期成交的相似房源，将价格及成交周期告知现售业主，以便给他提供有效的参考。

不论是新手还是经验丰富的经纪人，有效的沟通都是获取优质房源的关键。为了更好地推动业务，我们不妨为自己设定一个量化的目标，例如每个月积极寻找并重点维护5个优质房源，坚持一段时间，试试这一策略的有效性。

如果这一目标达成，不用谢我。可以给自己一个奖励——购物、旅行或是享受一顿美食等，告知自己，一切都是值得的。

怎样维护不同性格的业主

二手房和新房最大的区别在于交易中会多出一个角色，那就是业主。作为整个交易过程中的关键人，他们的选择影响到是否成交、成交周期、成交过程。千人千面，他们有着截然不同的脾气、性格，有着不同的成长背景和社会经历。所以面对他们时，我们需掌握与不同类型的业主沟通的方法。

在维护业主的过程中，难免会产生很多冲突。在冲突发生后，若不向内归因，我们通常会认定是对方的问题。因为当下是买房市场，房源较多，所以，与业主有过沟通分歧的经纪人，索性就不再对该业主进行维护了。有性格的经纪人要做"有尊严的服务者"，所以他们倾向于去选择那些态度好、好说话的业主，长此以往，就会错过很多机会。

逃避只能逃得了一时，不是解决方案，遇到困难应迎难而上，攻克乃还。我们可以采用科学的方法论，对业主的性格进行拆解分析。市面上关于性格分析有太多专业的细分，我们在此引用的是 PDP 性格测试并作了简单的适配，把常见的业主性格类型大致分为四种类型，分别为：老虎型（控制型）、孔雀型（表达型）、猫头鹰型（精确型）、考拉型（和善型）。

1. 老虎型（控制型）

这类业主的特征主要表现为目标明确，报价、售房动机、看房时间、交流方式,都会给经纪人一种强势和引领的感觉。遇到此类业主需要注意,维护时明确目的,简单直接,切不可拐弯抹角。在沟通过程中,业主比较反感自己的想法受到质疑或挑战,我们需要先赞同业主的想法,站在业主的角度来思考问题,提供有价值的信息,让他自己来作决策,切忌硬碰硬地去处理分歧。

2. 孔雀型(表达型)

这类业主的亲和力比较强,善于表达自己的观点,能够清晰地介绍自家房源的优势,相对活跃,同时较善变。通常,与这类业主沟通时应以赞赏为主。维护时经纪人需要更多地认可房子的优势,夸赞房子的优点,然后通过数据来辅助客户进行判断,支撑其回归理性思考。与他们沟通的核心是,把"表达的空间"留给他们。

3. 猫头鹰型(精确型)

相对重视细节流程,冷静、分析能力强,看重风险、重视规则是猫头鹰型业主的特征。细节决定成败。建议经纪人在维护时,可带着房屋出售的销售计划,含报盘、成交等数据去聊,报盘和电话沟通时要和业主讲清楚房屋所有的交易流程、三方的权利与义务、安心承诺和服务事项。在每一个环节,提前告知可能发生的风险是什么,怎么规避,以往是如何处理的,做到有据可依。

4. 考拉型(和善型)

大家好才是真的好,这类业主容易相处,配合度高,和蔼可亲,让人有亲近感。我们在维护过程中要及时关切、多分享、多倾听,每一次的带看反馈、新上房源、新成交的房源都可以和业主进行沟通。他们很容易相信别人，可能缺乏一定的分析与判断力，以及主见。所以，及时、准确、高频维护，以朋友之道待之，是与这类业主相处的方法。

保护业主的权利是我们应尽的义务，在交易过程中应有效沟通，保证业主从报盘到成交及签后有良好的感受。经纪人之间也一样，"1+1"合作维护业主是一个很好的办法，性格互补、性别互补、兴趣互补都能增加信任和好感度。

无论遇到怎样的业主、发生怎样的分歧，一定不要给业主贴标签，人的性格表现会因时因地、因身份角色立场的转换而变化，是立体的、多元的。洞察人心，理解人性，诚信待人，不仅是我们作为服务者必须具备的能力，也是我们立足于天地间的根本。善待他人，建立良好的口碑和信誉，能为我们的长远发展打下坚实的基础。

怎样将房源快速售出

面对现阶段房源多而客户少的局面,许多经纪人苦恼房源太多,卖不出去,又或是新房多,放盘量大,不知该如何帮客户选择。随着供需比和市场经济的变化,这样的情况会持续很长一段时间。业主着急出售,会抱怨经纪人能力不行,开发商每天张罗着空看踩盘,但效果不好。

如何将房源快速售出呢?首先需要分析没有出售的原因是什么。提出正确的问题,这是解决问题的关键。

房源长期未售出的主要原因有两个方面:一是业主端,所售房源不具备高性价比或业主自身出售意愿不高;二是销售端,房源挂售时间长,经纪人关注度低,或是经纪人根本不知道房源情况等。

针对以上影响售房的主要问题,下面具体来分析解决之道。

1. 业主端

房源的价格对于出售的影响占比很高,如果房源不具备热点户型、特殊户型、经典户型等物理属性的独特优势,那么在价格与看房便利度上就要有足够的倾斜。针对业主的房源不具备高性价比的问题,他们不倾向于降价让利。许多业主都是在高价位时购的房,现阶段房价下降,会有一定的经济损失,从而产生惜售心理。对于这样的问题,则需要从售房的原因找突破口。

换房的业主，可以从源头房源想办法，是否可以同时降价，中间差额满足业主的需求即可。针对几年前房产投资型业主，可以分析市场相关情况，租售比的测算，适时提醒业主及时止损或售转租，减少空置成本。

由于购房客户的选择空间足够大，所以在业主挂牌出售时，要降低业主售房时效的心理预期。截至2024年初，全国房源出售时效平均为156天，各城市间有些差异，但这足以说明，挂牌就立即出售的情况比较少。

因为售房的时效变长，时间所带来的不确定性增加，经纪人与业主之间的沟通就应更及时有效，随时关注业主售房动态，及时向业主传递房产相关的最新政策和金融环境变化，助力业主作出决策，避免有客户想定房时业主因犹豫、意愿度降低而导致无法出售的情况发生。

2. 销售端

（1）针对新房。选择新房的客户通常对居住品质有很高的要求，体现在小区环境、周边配套、交通便利、户型匹配等方面，物业服务、品质社区、未来规划等，都可能成为客户的关键选择。所以在推荐新房时，经纪人首先要做到海纳百川，即城市内的品质开发商和合作项目的楼盘都应熟知，成为该城市的城市专家。只有掌握城市内所有同品质及相似品质的项目，为客户推荐时才能更精准。

平时利用空看，加深了解程度，在对客户需求的深度挖掘下，作出对比分析，有针对性地推荐更有利于成交。如果是刚刚加入房产经纪公司的新人,对单一楼盘掌握度高,可以从这个楼盘的优缺点来找突破口,根据这个楼盘的客户群画像来分析,定向推送。项目的卡点在哪里,什么条件能弥补这样的问题,你对项目楼盘的熟悉度应高于普通经纪人。你若有别人未掌握的信息和最合适的购房策划方案,房源出售的概率就会大一些。

(2)针对二手房。库存房源有些已经登记半年以上,甚至更久远,经纪人每天在系统网络上最愿意关注新增房源、热点房源、降价房源,尘封已久的房源往往容易被人忽略,即便是房源录入人也会因要维护的房源过多而忽略推广,这是普遍现状。那针对业主诚心出售、配合看房、价格适中的房源如何快速销售呢?有如下三点建议。

首先,加大推广力度。推广房源有很多种方法,要多管齐下,不能只是将房源信息简单地扔到店面群里或是区域品牌群里,这样的效果很差,经纪人收到的群消息过多,容易忽略,也可能无法通过简单的文字或是图片深入了解房源背后的信息。建议走出去,将要出售推广的房源信息打印好,送到其他同平台或同品牌的门店,精准详细地介绍,提升知晓度。在业主所居住的社区里推广,让业主了解你推广房源的行动与努力,从而增加降价可能性。同时,将打印好的房源信息带到其他社区,派发给潜在客户,增加成交机会。推广房源不能只推广一次,要有一定的周期,持之以恒地推进。

其次,加大看房力度。不管是空看、陪看还是带看,都要多次创造机会,人的感官有习惯性记忆,看的次数多印象就深刻,当有客户时也会先行调取记忆从而优先推荐。组织空看可以给看房的经纪人一些小礼物、饮料、水果等，经纪人有好的感受对于房源销售十分有利。可以做社区的 Open House，这适合空置的房源，将房源打扫干净，摆放气球、水果、饮用水等，诚邀周边的经纪人集中带看，也欢迎小区内的业主到访，增加曝光度。抖音直播、短视频也可以是传播的途径，吸引更多的人来房子里实地感受，增加成交机会。

最后，加快回访节奏。把房子出售出去，一定是我们和业主共同的目标。将我们的所有行动告知业主，将客户看房后的反馈告知业主，将我们的下步计划和建议告知业主，双方一起找到破题的方法，从而加快售房速度。

在此，我想引用罗振宇先生在2024年跨年演讲中的一句话："乐观者不是相信永远阳光明媚，而是在听到预报后立即去找伞。"

房源积压，库存增多，这可能是一个很长周期的事情。事实摆在眼前，我们无法回到十几年前，除了正视问题，想办法破题，没有其他捷径。提前做好预判，做细致的服务，用心维护，耐得住寂寞，相信没有什么事可以难得住你。

客户篇

新人没有客户怎么办

有客户才有带看,有带看才有成交。按照经纪人作业漏斗,保证高业绩需要扩大入口,获取客户。获取客户的方法有很多,作为新人缺乏时间的沉淀,没有老客户转介绍,但可以应用好其他获客方式,做大量的客户积累,从量变引起质变。

新人往往刚开始很有激情,随着业务开展,屡屡遭受打击。不熟悉业务,缺乏经验,经常手足无措,不敢给客户打电话。电话接通后,激动慌张不知道说点什么。社区开发时,不知道什么行为是有效的。即便接待客户,也无法与其深度交流,客户聊两句就离开了或是客户要求门店其他人为其服务。慢慢地,激情不再,主动变为被动。

做房产经纪业务的主要工作是房、客、看、签。这些工作均需要不断积累,形成正循环,若新人多次尝试未有成效,量化低、带看少、业绩少,畏难情绪自然增加,直到产生自我怀疑,久而久之,丧失信心,离开这个行业。

万事开头难,若想在前期打好基础,首先要解决的就是获客问题。获客渠道分为线上和线上两种渠道，我们重点梳理线下获客两大场景及线上获客渠道的注意事项。

1. 线下获客两大场景

场景一：电话拓客。

首先，礼貌开场，自报家门，与客户建立链接，说明通话原因。其次，介绍信息，激发兴趣，先介绍商圈行情、优质房源。示例："店里新登记了一套不错的房子，就是您要租/买的那种户型，房子位于3层，装修不错，可直接入住（突出房源优势），户型属于比较稀缺的，业主比较诚心出租/出售，价格可谈的空间还挺大（激发兴趣）。您比较在意房子的什么条件呢（全面洞察）？"

谨记：细心聆听，有问必答，坚持问几个问题，不轻易挂电话。不以句号作为一句话的结尾，想办法了解客户的核心需求。客户没有需求时，可询问客户是否方便添加微信，再次介绍自己，以祝福语结束，发送添加朋友申请，通过好友后，修改客户备注，保持联系。

场景二：社区开发。

好的准备奠定了50%的获客成功率。

（1）物品准备：房源板、派报、名片、房源本、钥匙、鞋套、带有房源系统的电子工具。

（2）熟悉房源：在社区开发前，可与师父或店经理模拟演练，不仅要熟悉每套展业工具上的房源，还要了解市场动态。"1+1"搭配，找一个搭档，合作进行驻守开发。可选择上下班时间或者周末，定时定点，时长控制在 2 个小时以上，要给固定时间进出的人留下更多的印象。可选择高流量的地点，如社区出入口、商超门口、地铁口等。遇到不懂的问题不要乱讲，坦诚告知，了解清楚后再答复客户，顺便留下联系方式。

（3）规范言行举止：社区驻守时要注意自己的言行举止，严禁蹲、坐、吸烟、玩手机等。

2.线上获客渠道的注意事项

（1）微信运营。头像换成正装形象照，微信名称可以改成：品牌＋姓名＋电话，所属地调整为所在地，微信签名写正能量、温暖的句子。

（2）自媒体运营。多维度多渠道分发信息，抖音、快手、小红书等都可以。最重要的是根据城市用户的特点，结合自身情况做设计，把精力用在更有产出的地方。

线上获取的关键在于创新表达，线下获取的关键在于服务感知。作为新人，积极主动，每日制定获取目标，进行社区开发、多维度渠道分发信息、陪同带看，增加接触客户的机会。除此之外，放平心态，暂时没有客户也是正常的，打扎实基本功，耐得住寂寞，坚持不懈，客户和业绩自然水到渠成。

门店接待的客户怎么推荐房源

门店接待是常见且重要的线下获客渠道,在交流过程中要尽可能挖掘客户的真实需求,获取客户的信任。对客户需求把握得越准确,推荐房源越精准,获得客户的信任后,越容易形成带看。

实际工作中,我们观察经纪公司的门店接待皆有一些共性问题,如客户推门进店或驻足门口无人理睬;客户只是简单咨询,并没有留下联系方式;等等。

经纪人在门店接待中常见的错误做法有:固守客户需求,客户要两居室就只推荐两居室;忽视客户需求,遇到需求挑剔的客户,否定客户的观点;不了解客户需求,简单问询后直接带看有钥匙的房源;不熟悉/不推荐其他商圈,即使更符合客户需求,还是引导客户在本商圈内购买;脑中无房,接到客户后带到电脑前,全靠搜索;不重视来门店的客户,没有做好基本礼仪,接待不专业;等等。

想要留住客户,必须做好首次沟通后的房源推荐。其一要给客户留下良好的第一印象和专业感受;其二挖掘出客户的需求,精准推荐。

1. 留下良好的第一印象和专业感受

保持良好的形象,遵守商务礼仪及"6S"标准。着装标准,妆容干净,佩戴工牌司徽,面带微笑,礼貌问候。主动起立迎接，接待姿势标准，语言亲切自然，请客入座，为客倒水。遵循倒水礼仪，征询客户水温，双手握水杯底部小心轻放，装水容量在2/3左右。礼貌称呼，细致介绍："请问您贵姓？我是××地产××，您可以叫我××，请问有什么可以帮到您？"

专业的沟通需要根据客户对于商圈的熟悉程度，选取不同的方式。

（1）客户对商圈比较了解。和客户交流最近周边商圈各个小区的成交情况，借助工具（自制成交档案）进行讲解，重点可以表达自己的成交数量及门店的成交数据，凸显自身较强的业务能力。

（2）客户对商圈不了解。通过门店商圈图，先给客户进行商圈、楼盘及各种户型的讲解。前期做好所在商圈楼盘的分类，如按品质分类或按价位分类，并挑选具有代表性的楼盘，如成交量大，开发商、物业品质高的楼盘进行讲解。优劣势都讲清楚，要站在客户的角度讲解，不同价位的楼盘可以逐层次阐述，给客户一种收获颇丰的感觉。与此同时，你社区专家的形象就生动形象地展示出来了。

2. 挖掘出客户的需求，精准推荐

挖掘客户需求主要包括如下两方面的信息。

（1）了解客户租/购房情况：①楼盘位置；②房屋情况（居室、朝向、面积、装修、价格等）；③特殊需求（学区、电梯、公园、医院等）。

（2）了解客户自身的信息：①租/购房原因（孩子上学、结婚、改善居住条件、上班等）；②急迫度：是否着急租/购买、预计什么时候入住；③租/购房资质：能承受的付款方式、是否是本地户口、首套还是二套等；④租/购房价格：租金接受区间、首付多少、月供情况、公积金缴存情况；⑤付款方式：全款、贷款（商贷、公积金贷、组合贷）。

　　边问、边听、边记录，然后复述记录的信息，确认需求后再进行房源推荐，二手房、新房都可以推荐。介绍房源时充分考虑消费者心理，观察客户的反应，从而进行下一步推荐。推荐房源时要注意：不要盲目推荐，也不要自我设限。

　　沟通切入点是从首付预算或者总价预算开始，结合这个预算范围介绍哪个小区可选什么样的户型。适当引导客户，帮助客户作需求分析，确认需求。如某个客户准备买个一居室，为了落户和孩子上学。那么在给客户介绍推荐周边符合需求的一居室时，可询问客户："您孩子现在多大呀？现在住的小区距离这边比较远，未来孩子过来上学每天早晨都要起很早，大人和小孩的睡眠时间都会减少，您是否考虑把现在住的房子卖掉，直接在这边置换一套大一点又可以解决上学落户问题的三居室呢？"

　　通过门店委托的客户通常是有迫切需求的人群，一定要善待及重视这类客户，专业度和差异化服务尤为重要，核心竞争优势凸显会让客户更倾向于选择我们。重视第一印象，把握住机会，赢得更多的尊重和支持，为自己创造更多的机会和价值。

电话邀约，客户不来

电话邀约看房是经纪人最常用的约看方式，不同经纪人在邀约能力上差距较大。电话邀约，客户不来，有以下几种情况：客户只有周末才有时间看房；客户现在没时间，想看的时候再联系；我们推荐的房源不合适；客户已经和其他人约好。

我们再深入一层去分析客户不来的主要原因：第一种是客户不着急，对当下市场没信心，认为房子的价格还会下降。第二种是经纪人给客户推荐了很多房源，客户都不感兴趣。第三种是客户不是决策人，想等决策人有时间一起看。第四种是客户想改善居住舒适度，置换购房，但自己的房还没出售，资金不足，计划先出售再看房。

为了促成邀约带看，经纪人常见的错误做法有如下几点。

（1）增加看房迫切感。和客户说今天不看，房源可能就没有了。本想增加客户看房的急迫度，却忽略了客户的真实感受，如果客户真的没有来看房，但是房子还在，很难自圆其说，无法收场。

（2）房源不匹配。一味描述房源的优点，忽略了与客户的匹配度，即便客户来看房，下次邀约也会因为需求不匹配等原因而拒绝。

（3）批评同行。批评同行的行为损人不利己。你只需要做好自己应尽的责任即可，用心服务，将选择权交到用户手上。

为规避以上现象，关注以下三大事项即可。

1. 房源匹配度低

客户感觉匹配度低有两种原因：一是房子确实不适合自己，二是经纪人并没有将房子的信息讲清楚。经纪人要熟知自己的房源或新房项目，在邀约前将房源和客户进行模拟匹配。分析客户为什么会来看这套房，匹配度高在什么地方，客户考虑选择时会有哪些阻碍？

除满足客户基本条件的显性需求外，要增加对隐性需求的挖掘，同时针对客户感兴趣的需求核心点进行讲解。如果客户是为了孩子买房，可以讲解学校的师资情况和申请难度，强调此类房源的稀缺性。如果客户是为了养老买房，可以讲老人感兴趣的信息，如小区的健身器材、文娱设施是否齐备，周边公园情况，等等。

将与客户最相关的信息讲给他们听，而不是你认为的该房源的最大卖点，这是需求匹配的核心。

2. 客户急迫度不高

客户有买房打算但不着急买房，经纪人为了增加紧迫感，故意释放压力。其实客户买房也许不只找一家，当多个经纪人和客户说约看的房子当天会成交，但客户第二天发现房源还在的时候，客户便不会再相信此类言论。所以，不要增加客户莫名的紧迫感，要根据实际情况，把信息同步给客户，中立、真实、客观。如果房源优质且特别符合客户需求，要跟客户阐述，房源是很多，但完全符合客户需求的房源比较少，感兴趣的人多，竞争自然激烈。

邀约的时间宜早不宜晚，找到合适的房源，一定是现在优于之后，周中优于周末。并且在邀约过程中要和客户确认带看的时长、总计看几套房等，节约时间，保证效果，当客户感受到了经纪人的用心和专业度，后续自然愿意出来看房。

3. 客户和我们的关系不到位

客户在购房的过程中，会通过电话、带看流程中的一些细节和结构感来判断经纪人是否专业。客户通常会选择态度好、专业度高、效率高、非必要不打扰的经纪人为其服务。这就需要经纪人在与客户沟通时不仅只为推荐房源，还要把客户当朋友，日常做好客情维护很重要。不能让客户觉得我们的一切行为都是为了成交，是功利的。

做任何工作都会遇到客户拒绝，邀约客户时被拒绝，不要灰心，常向店里的伙伴求教或与之合作。坚持为客户好的原则，不断提升自己的专业度才是使客户认可的王道。谁能够解决客户的问题，谁就能成为客户最信赖的人。

了解客户需求有哪些必问问题

成交的前提，一定是需求匹配。在实际的作业环节中，无论是门店接待、线上来电、社区开发，还是带看路上、带看后回访……每一个环节都会围绕需求展开。问哪些问题可以快速了解客户的真实需求，我将在本文分享一些思路给大家，帮助大家做到"望闻问切，对症下药，药到病除"。

客户的需求并不是一成不变的，会因为能力、经历、时间、地点、环境的变化而发生变化。如客户首次购房对自己的需求不是很明确，经纪人只能进行多项匹配后带客户大量看房，用排除法让客户选房，导致效率低。客户初期接触未与经纪人建立信任关系，很多想法有所保留，房源匹配不准确。客户购房能力也可能受第三方限制（连环单、父母付首付款），导致需求经常更改。

经纪人在了解需求的过程中最常出现的问题是：急于带看，沟通有分歧，与客户的想法有出入，用"经验"判断客户需求，匹配的房源和客户的实际需求不一致。

其实，真正的需求沟通，不是我们准备了一堆问题逐一问询，而是在与客户沟通的过程中随机调取影响交易的重要信息，适时地解答与提问。

场景一：客户对自己的需求不明确。

（1）了解购房八大要素。围绕小区、年代、价格、格局、户型、面积、朝向、装修展开提问,协助客户总结需求,逐渐将模糊的需求清晰化,再结合自身经验推荐1~2套房源进行初期匹配验证,通过客户的反馈,挖掘客户深层次的需求。

(2)挖掘关键决策人。需求模糊的客户群体多为首次置业,我们千万不要直接认为来看房的人即决策人,很可能首次沟通的客户只是一个"探路者",随着需求明确,看房范围不断精确,决策人才会浮出水面,参与看房研讨。为了少走弯路,一定要尽早让决策人参与购房意见讨论,才能更精准匹配合适的房源。

(3)明确购房的目的。是结婚购房、购房落户还是改善自住?根据客户购房的目的,调整自己带客户的节奏及跟进状态,张弛有度。可以询问客户对交通及周边配套的需求,也可以侧面了解家里人口情况与家庭结构。如家里有老人,需要考虑医疗和低楼层或电梯房;有孩子就要考虑上学问题等。

(4)了解财务状况。建议侧面掌握客户的购房能力,通过首付款金额以及可接受的月供金额来推断,这对后续交易是否顺利非常重要。

场景二:客户需求有可变化性,对购房流程有一定了解。

(1)沟通中细心观察,寻找"要与不要"。关注沟通过程中客户反复强调的关键信息,哪些是一定要的,哪些是一定不考虑的(如顶层、临街),总结好信息再匹配房源。询问客户之前看房的情况,看过哪些楼盘,感受怎么样。一方面帮客户作房源回顾,另一方面观察客户在不同房源沟通上停留的时长,从而帮助自己理解客户的内心想法。

（2）帮助客户梳理"想要"的优先级。购房需求明确的客户，都有共性问题，即要求较多。经纪人需要用专业视角帮助客户梳理出哪些是核心需求，哪些是附加需求，核心需求必须满足，附加需求多加留意。找房时，排列出优先级，减少多余选项的干扰。

（3）确定客户资金到位时间。改善型客户很可能涉及连环单，连环单在买卖决策时，钱款到位的周期会受到市场和客户的多重影响。经纪人需提前做好规划，了解多方节奏，避免在双方见面谈判时出现约定时间内无法付款的尴尬局面。

针对以上场景，为大家提供了下列问题工具箱，仅供参考。

请问您什么时候需要这个房子？（急迫度）

如果首付允许，您考虑更大一些的房子吗？（财务状况）

业主倾向全款客户，在价格上会更低一些，您是否满足全款的条件呢？（财务状况）

您自己来看房子，看好后需要家人再来看一下吗？（决策人）

如果看上的房子价位偏高于预期房价，可以适当追加首付吗？（心理价位）

未来家里几口人常住？对周边配套有什么要求吗？（家庭结构）

您工作的地方与现在的商圈顺路吗？平时上班需要多久？（实际需求）

业主换房，需要过户后好几个月才能腾房，您着急吗？（腾房周期）

附近的学区房都有一些户口和年龄的要求，孩子多大，要我

帮您算一下吗？（深度洞察）

您在居住的需求上，有什么是您一定不能接受的吗？（排除法）

之前您看的是哪个小区的房子？感觉怎么样？当时怎么考虑去看那个小区的呢？（需求盘点）

今天给您推荐/带看的几套房子，您觉得怎么样？（感受回访）

商圈里能满足您的全部需求的房源不太多，如果仅是没有××，您考虑吗？（排除法）

这套房子业主急售，要求1个月内拿到全部房款，咱们购房款随时可以支付吗？（财务状况）

以上问题仅仅作为参考。须知百术不如一诚，在需求了解的过程中，尊重客户、开放心态、深入挖掘、综合分析、及时反馈，方能彼此成就。

客户不留联系方式

我们常会遇到一些警惕性较高、隐私保护意识较强的客户，当线上咨询和线下接待的过程中我们提及可以留下联系方式时，对方并不同意，表示有需要会到店里来。

客户为什么拒绝留下联系方式呢？可能的原因如下：在整个沟通过程中，客户的问题没有得到专业解答，客户对经纪人的能力产生怀疑；初次沟通没有建立信任关系便贸然向客户索要联系方式，客户内心抗拒；沟通过程中推荐的房源客户都不喜欢，客户认为经纪人不懂他的需求；客户只是随意打探，没有实质的需求。

想要获取客户的联系方式，首先要学会掌握时机，其次要以专业能力建立与客户之间的信任关系。获取联系方式时阐述理由，表明善意，例如："加个微信可以吗？为了保证您的隐私，可以设置仅聊天，我承诺在合适的时间给您发信息，需要电话沟通时会征求您的意见。"

有的经纪人只和客户提及一次留下联系方式，客户不给就放弃了。其实，掌握有效的沟通策略十分重要。

1. 找准时机

在沟通过程中有三个环节非常适合提及留下联系方式，分别是客户咨询问题时、邀约客户看房时、沟通即将结束时。

客户咨询问题时：经纪人解答复杂的问题，如购房资格、税费、学区等，在正确解答客户问题后抛出橄榄枝，寻求深入交流的机会，表示客户关心的这些问题可以加微信把详细资料发送给客户作参考。

邀约客户看房时：当详细解答完客户咨询的问题后，尝试推荐类似房源探询客户深层需求，并发出看房邀请，在有一定准确度房源匹配下提出，客户留下联系方式的概率会大大增加。

沟通即将结束时：如果在前两个环节没有成功，在对话即将结束前提出就是最后的时机，向客户说明留下联系方式的好处并确保不会频繁打扰。

2. 专业建立信任

专业度是信任的基础。在沟通过程中对相关政策、小区周边配套设施、房源具体户型优缺点等信息，做到准确、专业、流利的讲解，讲解房源时在某一个特点上加详尽描述更彰显专业性。比如，在讲解南向房源采光好时，经纪人可以讲房屋内光线照射时长，阳光最深能照进屋子哪个位置，更具象的描述会让客户的体验感更强。

3. 拒绝玻璃心

沟通过程中被拒绝是常态，我们既不能反复向客户提及，也不能因为被拒绝一两次就放弃。面对客户的拒绝，首先自我反思是不是讲述的内容引不起客户的兴致，在沟通过程中是否遗漏了重要事项。其次如果客户很反感留联系方式，可以尝试以退为进，询问客户日常是否还有别的可以获取信息的习惯，邮箱甚至是游戏好友都可以，先建立初步链接，然后再找机会进一步深入接触。强调一点，得到客户邮箱或与客户约定了以某种形式进行房源推荐，一定要按照约定，按时推送房源信息，承诺必践，做一个靠谱的人。

如果已经尝试了上述所有沟通方式，但客户仍然不愿意留下任何联系方式，不必过于纠结，也不要因此感到沮丧。房屋买卖本是一件需要双方共同努力的事情，你已经尽心尽力地完成了你的任务，只需要将剩下的选择权交给对方即可。

首次接触客户如何快速获得信任

为了加深对当前市场的了解，权衡利弊，客户一般会找多家中介公司或多个经纪人为其提供房屋经纪服务，最后择优选择一人成交。能否成为最终的成交人，取决于能否快速地获得客户的认可，这里首因效应就显得格外重要。首次接触客户的场景有社区开发、门店接待、邀约看房、电话回访、微信沟通等。

影响客户对经纪人好感度的情况有：经纪人迟到，客户在约定地点等很久；客户提问，回答不上来，问到业主售房情况、房屋状况、交易流程、房屋税费、周边配套设施时，回答得不如人意，表现出不自信；见面时局促不安，从见面到带客户看房的过程中，一直是被动沟通，客户问一句答一句；在有同事一同带看的情况下，跟在同事后面一言不发；不注重形象，着装随意，举止粗鲁；给客户推荐房源时，自己没看过，无法准确描述房源状态；为了让客户不再找其他经纪人，胡乱承诺。

通过以上问题不难发现，服务态度好、专业度高，是让客户只找你的关键。有好的态度，只能获得客户信任，无法保证客户最后会选择你成交，有了信任基础后，还需要通过专业度来获得客户的认可。

1. 3个场景——微信沟通、电话沟通、线下见面

（1）微信沟通。

①回复要快：介绍自己、了解需求、匹配房源、解答疑问和确定带看都要快，类似你在线上淘宝或者抖音看好一件衣服，你咨询某个问题后，对方一直不回复，很可能你会立刻离开对话框，选择其他商家下单。

②文字沟通：相较于语音沟通，文字沟通是让人更舒适的、更有边界感的方式，与客户沟通选择发文字最为适宜，编辑好内容后可以重新阅读，修改措辞和表达，确定好之后发出。当关系不是很熟时，发语音或打电话，相对冒昧，工作日客户在工作，也不方便接听。发语音消息有的时候一条说不完，措辞想修改还需要撤回重发，客户如果语音转文字，还可能会因为我们的发音产生歧义。

③适当搭配微信表情：文字不像语音或表情那样，能直观地表达出更丰富的情感，若是只发纯文字会显得比较冰冷，可根据客户的情况发适配的表情，年轻人多用活泼可爱的表情，老年人多用微笑、握手类的表情，让客户感受到我们的温暖和热情。

（2）电话沟通。声音是可以传递态度和温度的，声音要洪亮，语气要富有激情，沟通内容要保证足够真实，让客户感受到你的热情，愿意与你沟通。不要胆怯，不要吃东西，不要不耐烦，这些客户是能感觉到的。多提问，从沟通中挖掘客户的需求，进行复述，达成约见的共识。

（3）线下见面。整理仪容仪表是一项非常重要的任务，它

不仅展现了个人的形象和气质，还能够体现出一个人的专业素养和态度。因此，在准备出发前，一定要花些时间检查自己的着装是否符合场合和身份，确保自己的形象能够给人留下深刻的印象。同时，提前到达指定地点也是非常重要的，这不仅能够让你有足够的时间适应环境，还能够让对方感受到你的尊重和诚意。建议提前10~30分钟到达约见地点，这样你就有足够的时间来调整自己的状态，让自己更加自信，更加从容地面对接下来的会面。

2. 体现专业度要把握好3个关键节点

（1）了解客户需求时。了解需求越详细越好，包括预算、付款方式、贷款比例、首付情况、首套还是二套等。获取信息后，要快速地根据客户提供的信息规划出购房方案，在沟通需求、探讨购房方案的过程中，帮助客户明确购房需求，提高选房的效率，帮助客户节省更多时间和精力。

（2）与客户见面时。我们要进行详尽的市场分析，包括对商圈的细致研究和介绍，以及对周边配套设施的全面阐述，如优质的学校、先进的医疗设施、大型超市等。我们致力于让客户清楚地了解购买房屋的整个流程，从交易流程的详细介绍到最终的房屋交付，为客户提供准确且全面的信息。我们的目标是让客户在购买房屋的过程中感到安心和满意，让每一个环节都透明、顺畅。

（3）客户有疑问咨询时。在客户有疑问咨询时，除了能够快速响应用户的问题和需求，在阐述信息时也要表达清晰、具体，用准确的语言来表达自己的观点，避免含糊其词。尽可能地提供详尽的证据和论据来支撑自己的观点,让客户更信任你的回答。避免"好像""可能""应该"等词语出现,这种表达方式可能会让客户感到困惑和不安。

在首次接触客户时,我们不应该急于推销或表现自己,而是应该从专业知识和服务质量上赢得客户的信任,展现出真诚和差异化,赢得机会。在工作中,应多与师父和同事合作,学习他们的经验和技能。通过观察、实践、总结和诚实的工作态度,不断提高自己的专业水平。同时,我们还应该多关注客户需求和市场变化,以便及时调整自己的工作策略和方法,为客户提供更好的服务。

客户一直不接电话

电话沟通是一种迅速且高效的交流方式，它可以让我们迅速与客户建立联系并了解他们的需求。通过电话，我们可以生动形象地介绍房源，让客户形成清晰的房源画面感。同时，我们还可以通过语气感受到客户的态度，以便更好地满足他们的需求。

在电话沟通中会遇到一些无法避免的问题，如经纪人在给客户打电话时，总是被挂断；经纪人推荐房源时，还没聊到关键点就被客户拒绝。

针对客户拒绝接电话，要分析客户拒接的原因，是推荐的房源无法激起客户的兴趣？时间不对给客户带来了困扰？还是不了解客户情况，不知道客户此时有没有实际需求？以下建议给到大家。

1. 打电话之前先获得客户的认可

要预约，要尊重对方的时间和意愿，可通过短信或微信的形式询问客户是否方便接听电话。打电话之前，提前半个小时或 1 个小时给客户发去一条短信或微信，看看客户是否愿意接听电话。若时间很急且客户没有回应，再拨打电话，可以询问客户是否收到刚刚发送的信息。

每次接通电话的时候，可询问对方："是 × 先生 / 女士吗？我是 ×× 公司的 ××，您现在方便接听电话吗？"如果客户说方便，我们就按照预先设计好的问题跟客户继续交谈；如果客户说不方便，就询问客户几点打电话比较方便，客户作出选择后，再按照约定时间沟通。

2. 登门槛策略

所谓登门槛策略，即先提出一个小的、容易达到的要求，对方应承之后，再提出一个更大的要求。这种现象，犹如登门槛时要一级台阶一级台阶地上，这样能更容易且更顺利地登上高处。例如，接通电话的时候，客户说比较忙，可能这只是一个不想接听电话的借口。采用登门槛策略则可以和客户说，能否占用1分钟时间，告知一条很重要的讯息，分享政策变化、金融信息、与客户相关的重要信息等。只要客户愿意给你1分钟时间，那么客户就有可能愿意给你2分钟、3分钟时间，直至更多。前提是一定要设计好内容，吸引客户，抓住此时的黄金1分钟。

3. 每次接触时关注细节

约看要像"谈恋爱"一样精巧贴心，经纪人要善于寻找契机和客户进行互动。与客户初次接触时，要有意识地向客户提出问题，引导对方多说多表达。记住客户的一些行为方式上的特点和个性特点、兴趣爱好、饮食习惯等，都会对日后的相处有帮助。每个人都渴望被关注、被认同、被尊重，小的细节往往最能打动一个人。

4. 合适的时间

工作日，尽量不在10点之前打电话，这时客户在工作、开重要会议的概率较大，12点至14点的午休时间也尽量避开。周末则不在上午 11 点之前打电话，防止打扰客户休息。打电话优选时间是下午，尤其是周五的下午，临近周末，客户相对放松，心情舒畅。

当然，因人而异，最好的方法是，在初步交流时，了解客户工作的基本状态和个性化的作息时间。也可以关注客户微信状态，通过回复微信的时间或者发朋友圈的时间来掌握沟通时机。

5. 用内容吸引客户

内容为王，只有能解决对方问题的沟通，才是最有效的沟通。所以在打电话沟通之前一定要考虑清楚根本问题，这个电话能给客户带来些什么价值，可以在笔记本上一一罗列，至少写出 3 点，然后再结合上面提供的方法，尝试着给客户打电话，这样会有意想不到的收获。

即使在拨打电话尝试帮助对方或提出建议时遭拒，也不必过于在意。毕竟每个人都有自己的想法和立场，拒绝本身也是一种信息。面对拒绝，重要的是要保持积极的心态，从失败中汲取经验，相信一切都是最好的安排。

客户不肯出来看房

带看是离成交最近的一环。客户平时积极沟通,但约看的时候,总有各种各样的原因不出来看房,比如希望遇到十分满意的房子才出来看;对市场持悲观态度,不急于一时;一直在纠结价格与佣金的问题。面对这样的情况,我们该怎么办?

面对这些情况,经纪人总是很头大,他们猜想对方有可能是同业想套房源或者开始自我设限,一定要找到与客户100%匹配的房源才邀约,既然客户不急,那"客户至上",我们要尊重他们的选择。

结果,当他们过一段时间以为自己找到了客户喜欢的房子时,再联系客户,发现客户已经成交了,这样的例子不胜枚举。

影响客户不出来看房的原因最常见的有:①客户没时间(真实原因);②客户换房需求不急迫(所住房屋还未出售);③客户不喜欢经纪人(前期沟通觉得经纪人专业度或性格与自己不匹配)。针对以上3种常见原因,我们分别破题。

1. 客户没时间

(1)保持一定频次的沟通。如每周进行几次私信沟通、社交媒体互动。对客户要保持耐心,换位思考,很多客户工作忙,时间宝贵。

(2)持续的房源推广。如果客户有回应,要持续地进行需求上的挖掘，可同步本小区挂牌或成交信息，成交价格是多少，优劣势是什么。通过分享不同的成交信息来试探客户的兴趣，如果客户不感兴趣可以问清原因，知道客户不要什么与知道客户要什么同等重要。

2. 客户急迫度不高

客户对市场行情持悲观态度，觉得房子价格可能会持续下行。典型的观望型客户，平时喜欢关注信息，但基本不出来看房，与经纪人沟通是为了了解市场行情，验证自己的猜想。

我们可以跟客户沟通其真实目的，并给出建议。

倘若是下行市场，优势便是可挑选的小区、户型及议价空间都会大很多，这种市场更有利于客户找到自己心仪的房子。如果客户一直担心房价持续走低，自己买亏了，可以让客户先出来看房，边看房边观察，增加看房的数量和次数，掌握对市场的主动权，在确定市场回暖之时果断出手成交。如果持续等待，市场回暖，价格上行时再看房，这时在售房源减少，价格越来越高，可挑选空间变小。

首先，要知道我们无论怎么观察市场，几乎不可能刚好在价格最便宜时买入。其次，房子毕竟是用来住的，不要因为较少的价差来影响自己最核心的需求。

3. 经纪人匹配度低

产生这种状况的原因通常有几种：①性格不匹配。有的客户喜欢比较谨慎细致的经纪人，有的客户喜欢热情外放的经纪人。客户选择什么类型的经纪人就意味着有什么样的服务体验，他们倾向于找和自己性情相近、志趣相投的人。②专业度不高。应在接到客户委托时，和客户讲清楚房屋买卖流程、关键节点的风险控制及可给客户带来的安全保障。③客户有很多选择。客户在购房时会找不同的经纪人进行咨询、比价。除了专业上的沟通，客户也在寻找一种舒适感和愉悦感。若两相对比，找到了更适合的经纪人，客户随时都有转移阵地的可能。

我们能做到的是，持续不断地提升自己的专业度，精耕自己的小区，可以将自己的实践所得，参加培训学习、获得荣誉的海报发在社交媒体，全方位曝光自身专业状态。精诚合作，找到自己的师父或是店长，帮助自己进行1~2次的回访、邀约或电话复盘，找到问题马上进行改进。

需求可以是刚性的，也可以是潜在的，被激发出来的。至于买不买房，是客户自己的选择，但我们的工作是要让客户知道，现在市场的真实情况是什么样的，有多少可以挑选的房源，及时做好触达。经纪公司存在的价值就是匹配、信息传递，以成人之美。

客户要求对中介费打折

面对高额的房屋价格，即使中介费仅收取 1%，所产生的费用依然较高。因此，客户要求对中介费进行打折的诉求是符合情理的。在购物过程中，买方总是期望能够在价格或佣金上有所优惠。我们需要理性地分析客户要求打折的原因，并探讨可行的应对方法。如何在满足客户要求的同时，将中介费率控制在合理范围，实现双方共赢，这是一个需要认真思考的问题。

在要求中介费打折上，客户认为经纪公司只是带看了一套房或几套房而已，中介费不值这些钱。如果中介费不打折，就不买了，或者去其他公司签约。还有的客户说自己朋友买房时享受了怎样的折扣。诸如此类的理由让经纪人在作业时陷入两难：一方面不想放弃客户，另一方面不知该如何推进工作。这个时候，无论你把中介费的定价权推到公司身上还是找其他理由搪塞过去，都解决不了根本问题。

客户对中介费有异议有以下原因：①客户要求打折时，经纪人回答模糊或者随便承诺，给客户留下想象空间。②客户资金不足，想通过打折减少资金压力。③客户对中介费的价值不理解，认为我们的作用就是找房带看。④同业给出了更低的折扣。

客户常见的打折说辞如下。

"就差×万元，只要打折就能成交。"（客户出于斡旋的思维考虑）

"首付都是借的，能少花点就少花点。"（客户寻求理解，也是实情）

"仅带看了一套房就成交，不值得花这么多中介费。"（客户对中介费的价值理解不够，对我们工作的价值体察不够）

"我朋友前不久买的都打折了。"（其他客户享受了折扣）

"××中介说0.5%就能签。"（客户多方看房，同业公司折扣低）

总结下来，客户要求打折的原因无外乎：能省则省，对我们的服务价值不清楚、不理解，寻求心理平衡，同业干扰。

我们应做到如下几点。

1. 提前告知，态度明确

经纪人要和客户讲清楚委托关系。首先要和客户明确的是中介合同收费是合法的，《中华人民共和国民法典》第九百六十一条规定："中介合同是中介人向委托人报告订立合同的机会或者提供订立合同的媒介服务，委托人支付报酬的合同。"

首次接触、首次邀约带看、打电话咨询的时候，就需要和客户讲清楚委托关系，例如："感谢您能将购买房屋这么大的事情委托给我，从现在开始我就是您的置业顾问，无论是筛选、匹配还是实际看房，包括后续的交易流程，都由我来为您解决。"

客户通常会用一些试探的方法来确认中介费是否能够打折：

"××公司只要1个点的中介费,你们1个点能做吗?不能做,我就找其他公司了。"很多伙伴遇到这种说辞的时候通常有两种态度:一种是我们坚决不打折,客户感觉沟通受阻,真的流失。还有一种是担心客户流失,承诺可行,先看房子之后再谈。这样回答虽然暂时稳住了客户,但为后续的斡旋埋下了隐患。如果后期不打折,客户会觉得你没有兑现承诺,容易丢单。如果打折客户反倒觉得理所应当,不会有得实惠的感觉。

所以综上,提前告知,明确态度,降低客户对中介费打折的预期,保障服务体验才是硬道理。

2. 强调价值,淡化价格

经纪人要和客户讲清楚中介费和经纪人的价值,讲清楚房屋买卖的整体交易流程。二手房的交易流程涉及的关键节点超过30个,较为复杂,可能产生的风险点也有很多。在委托初期,可以按照二手房屋交易的流程,将各个时间节点、费用支付节点,以及应该注意的关键事项等一一为客户讲解清楚,并告知客户,经纪公司的费用是在何时收取(一般会在签约当天收取),费率是几个点。交费之后的流程、税费、后期的物业费等问题,也要提前说明,避免客户猜疑。

品牌建设,需要投入大量的基础建设、运营成本,同时需要所有从业者辛勤耕耘,用口碑捍卫品质。这是链家之所以成为链家,贝壳之所以成为贝壳的原因。比如链家在服务承诺中有一条:进行资金监管时发生资金损失且不能追回的,链家会先行垫付,保障客户权益。这样来看,在链家支付的中介费也可以算作一份

"保险"，相比动辄百万元的交易资金，中介费的保障价值在整个交易中意义非凡。

另外，好的中介品牌、优秀的经纪人能够在斡旋中起到重要的作用，也能帮助客户找到更适合的贷款银行和优惠利率，这样算下来，才是真正的节省。

3. 坚持底线和原则

客户看到其他人打折，便要求同样打折这种情况，要坚持自己的底线和原则，向客户说明原因。通常老客户购房，我们根据公司政策可以给予适当的优惠。这是基于客户再次选择我们的一种感恩态度。老客户基于信任再次选择我们，其实也会减少整体的作业难度，缩短成交周期。

真实、勇敢地和客户沟通，不要担心因为我们说了真话或者拒绝了客户的请求，而导致客户流失。在交易过程中，本来就是需要双向奔赴的，彼此理解才能顺利成交。要强调我们和客户的立场是一致的，客户是为了更美好的居住愿望而努力，我们是为了帮助客户实现更美好的居住愿望而尽绵薄之力，这是行业的价值，也是我们的价值。

客户有跳单倾向怎么办

客户跳单是指客户在某家经纪公司看房，使用了该中介公司的资源，如房源、委托、带看等服务后，最终跳过该中介公司，选择其他中介公司成交或和业主自行成交的行为。

客户跳单通常有几种原因：①客户想省钱；②客户并不觉得跳单有问题，觉得跳单是合理合法的，自己有权利选择任意一家公司进行交易；③客户、业主低估了房产交易风险；④经纪人服务不到位。

根据上述分析，我们逐个拆解客户跳单的原因，防患于未然。

1. 客户想省钱

"你们的中介费用太高了，我听说别的公司都可以打折。"遇到这样的问题，先来分析客户是从哪里得知的信息，是试探性询问，还是同业、朋友告知。

首先要告知客户买房的核心是"房"。从资产本身而言，中介费只占整个交易资金中非常小的一部分。在购房过程中，注意力要放在房和房价上。房子匹配得不理想，未成交之前，经纪公司是不收取中介费的。

其次要明确中介费的价值。在交易发生前期成本是提前预支的，正因为有了大量的人力、财力和科技投入，我们才能持续不断地获取好的房源，掌握更多的信息，消除信息不对称，达到市场均衡。在交易过程中，我们为客户提供风险把控工作，房源实地勘察，产权属性及归属背调（背景调查），优质银行合作渠道，专人过户办理，如此等等。房子是长周期交易标的，让客户、业主顺利签约，安心办好后续的交易流程，是中介费价值的体现。

2. 客户觉得跳单合理合法，自己有选择权

首先要明确一件事情，客户从找到经纪人进行买房咨询开始，实际上委托关系就已经建立了。根据《中华人民共和国民法典》第九百六十五条规定："委托人在接受中介人的服务后，利用中介人提供的交易机会或者媒介服务，绕开中介人直接订立合同的，应当向中介人支付报酬。"

在过往操作的过程中，有极个别的客户跟着我们看的房，该谈的都谈好了，却悄悄找了别人，事后公司法务根据相关法律对其进行经纪服务佣金的追讨，很多要了回来，但是客户相当于向两家公司交了中介费，反倒得不偿失。

法律法规日益健全，保障服务者权益就是在保障消费者权益。在实践过程中倘若经纪公司有居间服务的事实行为，实际促成了交易，这笔费用法律是一定会支持的。

3. 客户、业主对房产交易的风险预估不到位

很多客户和业主觉得自行成交是比较划算的方法，但往往预估不到二手房交易可能产生的风险。让专业的机构和经纪人来把控风险才是最佳方案，经纪人的价值不仅仅停留在居间服务、带客户看房等具体事务上，更重要的是在办理贷款及过户的环节，以专业的视角对风险进行把控，对整单交易的各项服务进行承诺，

相当于给这笔交易上了一份"保险"。

之前遇到一个客户看上了一套房，回去之后直接找同业按照远低于行业收费标准的价格进行交易，交易过程中首付已经支付了，可突然得知业主的房子被法院查封，出现这种情况，客户不仅面临较大数额的经济损失，也损失了此时择房的机会成本。

这种风险在专业正规的经纪公司中发生的概率极低，因为在接受业主委托时，合规的经纪公司应当对房源的产权属性及归属权进行实际勘察，并且在交易的过程中进行资金监管，以避免此类事件的发生。万一因为某个经纪人不专业的操作，真的发生了这种事情，对客户造成损失，公司也会承担相应的责任。无论是对客户还是对业主来说，选择合规的经纪公司都是一种安全保障。

4.经纪人服务不到位

在作业过程中会遇到客户跳单并不是为了钱，而是对服务自己的经纪人不认可。客户宁可在其他公司全佣交易，也不愿意选择我们公司。

这个话题就要回到接触客户的初期，如何留下好的第一印象及加强客户对自己的信任上。建议经纪人不要各自为战，而是提供团队式服务，采用"自己＋店内伙伴＋店长/师父"的方式，让客户在沟通交流的过程中有问题咨询时，信息保准确，事事有着落，句句有回声，强化服务意识，最大限度规避客户跳单的风险。

交易的场景和情况是复杂且多元的，有时候客户可能会因为一些考虑而选择其他公司，即使他们非常认可我们的品牌及经纪人的服务。可能是单纯因为其他公司的中介费更低，也可能是出于其他考虑。

  在问心无愧的情况下，我们不必过多计较客户的选择。与其沉浸在懊悔、惋惜和愤懑之中，不如振作精神，积极准备下一单交易。要相信，每一次的失败都是为了更好的成功，每一次的挫折都是为了我们更好地成长。从失败中学习，从挫折中成长，以更坚定的信心和更专业的态度去迎接下一个挑战。

如何挖掘客户连环单

连环单是指客户购房时,与其名下其他房源的出售相互关联、相互制约,进而对客户的购房资质、资金、时效或缴纳税费等方面产生影响的环环相扣的单子。

简而言之,连环单是指某人卖掉手上的房子,并买入新的房子。对于房产交易链路来说,他既是客户也是业主,前后至少串联了两个买卖关系。如果市场上不断出现这种互相嵌套关系的置换,那么交易的链条就会进一步拉长,其中一个交易出现问题,就可能会影响下一个交易。

挖掘连环单对于提高个人面对复杂任务的作业能力、优化客户财产配置状态有重要意义。

1. 在售业主

业主售房常见原因分别是变现和置换。想要变现的业主,挖掘难度较大。他的资金用途广泛,也可尝试引导至房屋租赁获取收益。针对这类业主,要保持黏性,随时关注变化。

针对置换的业主,如果其在资金和时间方面较为急迫,则需重点了解是否着急购买其他房源,注意要委婉沟通。资金方面可以询问对客户付款方式有何要求、对定金及首付有何要求等。时间方面可以询问房屋交付时间、是否接受换房等。除委婉询问之外,还可以以房试户,给业主推荐在售优质房源,刺激业主的购买欲望。

不管是变现还是置换的业主，都要靠服务维系，与其建立信任关系。平时的业务动作可以做好量化维护，对房源进行集中带看，及时反馈带看数据、小区成交数据，结合现实情况、环境、装修、成交价等，给予成交预判。此外，还要有差异化服务，可通过对居住人群的观察，帮业主解决目前及未来生活的痛点。若是空置房源，则要做好日常清洁维护。

2. 在委托的购房客户

侧面了解首付款、资质、工作背景等情况，了解客户是否有售房需求及急迫程度。资金方面，可以问购房形式是全款还是贷款，若贷款的话首付多少，征信是否有逾期。工作单位是国企、事业单位还是私企。如果资金不足，是否有出售现有住房的需求。

资质方面，可以问家庭成员在本地有几套房产，户籍是本地还是外地，社保或纳税满几年，是否有过贷款记录，已婚还是未婚。如果受限购影响，是否有出售现有住房的需求。

针对在委托的客户，可以以户试房，主动刺激客户售房的欲望，例如："您这套房子刚好和一个客户要买的房子很匹配，您考虑卖吗？"同时客观地告知最新售价、房源的优缺点、市场行情及成交记录。还可以通过数据分析，查看客户的看房次数、活跃度，根据客户的咨询及看房次数，推测其是否有售房需求，并随时关注需求的变化。

3. 已成交的客户

连环单存在滞后性，已成交客户和业主即使当时没形成连环单，但不代表之后没有机会。建议做好成交档案，跟进客户状态。

尤其对于一线城市，成交周期短，置好换频次高，一次服务的结束即为下次委托的开始。根据城市政策，2年和5年对个人购房者来说都是一个考虑置换的窗口期。日常维护，关注对方社交媒体的状态，及时了解对方目前的状况，若其家庭从两口之家变成三口之家或者是有老人来居住时，极有可能在房源上有置换需求。

连环单并非被动等待，而是需要积极争取。我们不应错过任何挖掘连环单的机会，每多问一句，多给一个建议，就有可能激发客户的潜在需求，从而达成连环单的交易。珍惜每一个与客户沟通的机会，为客户提供更加详细的产品信息和服务建议。只有这样，我们才能更好地把握连环单的机会，提高销售业绩。

老客户维护

维护好老客户可以带来许多好处,其中最显著的就是转介绍。老客户转介绍的好处在于获客成本低,沟通成本低,信任度高。因为是熟人推荐,客户已经有了信任,不需要从头开始再花大的时间和精力去建立底层根基。

从历史成交数据来看,老客户的转介绍成功的概率也相对较大。对于一些从业多年的房产经纪人来说,老客户的维护是最具影响力的获客渠道之一。

在老客户维护上未取得成效,可能的原因有:成交后和客户无交集,不清楚客户是否有置换的需求;成交后客户购买的房子降价,不敢和客户联系,担心房子降价引起客户的不满;服务过程中发生过摩擦,服务结束后不想保持联系。

其实,经纪人都知道客户维护、盘活老客户的重要性,但是缺乏有效的方法。如何维护老客户从而获得转介绍呢?具体建议如下。

1. 签后流程亲力亲为

熟知各交易方式的手续流程,根据交易的进展情况把控好流程。每个交易环节完成后汇报结果并提前告知下一环节预计发生的时间。

缴税过户时检查客户资料是否齐全,查看证件有效期。物业交割时要出现在现场，不要因为麻烦或者有其他的事情不出面，这是你应尽的责任和让双方安心很重要的一环。客户和业主愉快地进行物业交割，双方认可你的劳动成果，能为未来的关系打下良好的基础。

签后如若出现问题，要耐心妥善地解决。亲力亲为，让客户记住你，让客户有好的体验。提供信息价值，提供情绪价值，提供愉快的购房体验。

2. 客情维护的方法

做好客户档案管理，记录客户成交的时间，关注客户家庭状况，记录客户信息时要记录全名，在微信上也备注姓名全称，与客户沟通时避免因叫错名字引起不必要的尴尬。

租赁客户租期快到时，询问是否有转租打算。客户家庭人员增多时，询问是否有置换的打算。

对共同相处的场景做充分准备。例如夏天常备雨具，微信朋友圈关注客户状态，天热提前买水，客户坐地铁要去接，车里备好零食和饮用水。有小孩子的话，还可以准备好玩具。

用智能日程管理工具记录客户和业主的生日，生日当天给其发送祝福，每到节假日主动问候，天气状况不佳、换季时友情提醒。客户搬新家时送一些绿植，其孩子过生日时买点小礼物。

关注共同爱好，邀约喜欢运动的客户一起打羽毛球、游泳、骑行、跑步。邀约喜欢休闲的客户钓鱼、吃饭、野炊等。

3. 维护转介绍的客户也是在维护老客户

面对转介绍客户，要提供超预期的服务，这是对老客户给予支持的最好的回报。对转介绍客户的关切不要松懈，不要以为在这种信任关系下，对方就不会找别的经纪人。

我们在服务好转介绍客户的同时，也可以适当把事情的进展反馈给老客户，如果成交，不忘答谢老客户的推荐，懂得感恩，细水长流。

拒绝签前、签后两张脸，签后的服务甚至要高于签前。在彼此有良好的情感纽带和信任关系的基础上，可以大胆地和客户提转介绍的请求，寻求合作。

从业3年以内的房产经纪人往往通过他们的口才和勤奋来赢得客户的信任和业务机会，在这个阶段，他们的成功更多地依赖他们的努力和积极性。而从业3年以上的经纪人则更加注重他们的人格塑造和客户关系管理。长期的成功是通过修身养性，维护、升维与老客户之间的关系，从而获得更多的业务机会，口碑的传播往往比任何广告都更加有效果。

带看篇

带看准备

带看是房产交易过程中的一个至关重要的环节,也是达成交易的前提条件。一次专业且高效的带看,不仅可以帮助客户更好地了解房产情况,增加他们对房产的信任度,同时还可以有效地加快成交速度,缩短交易周期。

在带看过程中,经纪人需要向客户全面准确地介绍房产的各项细节,包括地理位置、周边环境、房屋状况、价格走势等。同时,经纪人还需要针对客户的需求和疑虑,给予专业且准确的解答和建议。只有这样,才能让客户更加深入地了解房产,增加他们对房产的信任度,从而为最终的成交打下坚实的基础。

带看中经纪人出现的常见问题有:没有策划直接带看;与客户约的见面地点信息有误差;带看途中电话不断,忙于回复,忽略客户,走错楼栋;没有熟悉房源便带客户看房;房屋居住成员不配合看房;客户拿到了同业的信息;等等。

带看出现问题,客户感受极差,要么会觉得不被重视,要么会觉得经纪人专业素养差。

通过发达的网络资讯，客户可以轻松通过多渠道获取大量房源相关信息，信息透明度的提高使得客户能够更加全面地了解市场。随着交易频率的提高和社交媒体的普及，很多新手客户也不再是房产"小白"，甚至有很多专业买家关于房产行业的知识储备超过了经纪人。因此，客户对经纪人专业度的要求更高。

一次成功的带看需要做好万全的准备及精心的策划，万全的准备包含房源信息和带看工具，精心的策划包含规划路线及安排人员。下面展开详述。

1. 熟悉房源信息

可以通过以下4种途径了解：①看房信息，实地看房、VR线上看房，了解房源的物理信息。②通过系统查看房源的基本情况及跟进信息。③询问带看过本房的同事或者维护人对于房源的感受。④联系业主，了解其想法、最近售房心态及房源情况。

通过以上途径能够对房源的相关信息进行了解，如区域配套、楼盘信息（建成年代、住宅属性）、房源信息（物理位置、朝向等）、业主信息、物业信息、租金信息及成交信息，掌握这些基础信息能够在带看过程中游刃有余地回答客户关心的问题。

2. 准备带看工具

带看前经纪人需要准备基础工具来辅助完成带看。这些工具能解决带看过程中的基本问题，包含但不限于以下物品：手机、鞋套、名片、带看报告、安心服务承诺、噪音测试仪、电子测距仪、甲醛测试仪、指南针、笔、本、计算器、纸巾、矿泉水。

除以上专业的基础工具外，还可以准备一些加分工具，让客户看到我们的用心，包括：商圈图、楼盘平面图、成交数据、充电线、充电宝、太阳伞、创可贴、糖果等零食、暖心小礼物等。

如果在饮品上花点心思，比如同时准备矿泉水、气泡水、咖啡等不同种类的饮品让客户挑选，试想，客户会有什么样的感受。从工具上的差异化来提高自己的竞争力，是个不错的办法。

3. 规划带看路线

带看之前规划带看路线，遵循两条基本原则。原则一，由远及近带看房源，先看距离店面最远的房源，再到距离店面最近的房源，方便引导客户回店。原则二，选取沿途风景最佳的路线，视野开阔，马路宽敞，展示行进路线中的亮点配套设施。需要注意的是，如果有可能，要绕开习惯撬单的同业的门店，以免客户流失。

4. 安排带看搭档

有条件的话，带看前确定带看搭档，建议是"1+1+1"，分别是主带看人、固定搭档、房源维护人，并确定每个人的分工。主讲人员负责讲解陪伴，协助人员帮忙取钥匙，预防跳单，处理临时突发事件等。

除以上常规的带看策划外，还需要做到以下三点。

（1）及时确认双方信息，确认业主的时间段、客户的时间点。业主的时间要安排得宽松一些，以免客户提前到或者是迟到。

（2）塑造专业的形象。体现自己的专业度，面带微笑，热情主动，让客户觉得和你在一起很温暖，消除距离感。

（3）提前等待客户。至少提前 20 分钟到达约定的地点等待客户，对于开车的客户，要提前找到车位等客户到来。建议约见地点一般选在门店，不建议选在小区门口或者是房屋楼下，以免认错人，发生同业人员撬客等意外情况。

凡事预则立，不预则废。充分的准备会让你更加自信、从容。从大处着眼，从小处着手。有准备的人往往能够更好地完成工作任务，他们能够预测并解决可能出现的问题，当问题真正出现时，可以迅速应对。

带看过程聊什么

带看是距离成交最近的一环,好的带看能给客户留下良好的第一印象,让你在众多的经纪人竞争中脱颖而出。

带看沟通时,容易出现的冲突有哪些?具体如下。

(1)客户无感。客户对经纪人和经纪人带看的房源都没有产生兴趣。带看多套房源后,客户甚至还不知道带自己看房的经纪人叫什么。

(2)客户反感。首次接触客户,在没有建立任何信任关系的情况下,直接询问客户很多隐私问题,例如:月工资多少、结婚与否、家庭住址等,引起客户反感或不满。

(3)客户质疑。经纪人对商圈不熟,表现得很不自信。带客户看房全程没有讲解思路,进入房子不知道该说什么,客户问的问题都答不上来或是回答有明显错误。

(4)客户回避。带看一次之后,经纪人再次发起邀约,遭到客户拒绝。

经纪人常见的错误做法有:带看时走在最前面带路,全程很少说话,不主动与客户交流,被动带看;自说自话,夸夸其谈,不关注客户的感受;想到哪儿说到哪儿,探询客户需求的方法不对;带客户到房子内,站在一旁让客户自己看,缺乏介绍。

带看过程是与客户互相了解、加深黏性的重要环节。带看中应该聊点什么，建议大家重点聚焦以下五个方面。

1. 个人介绍要深刻

简单的开场问候语＋巧妙的姓名介绍，便于让客户记住你的名字。

说出自己三个与众不同的优势，让客户感受到你的特质和态度。例如：我不会轻易打扰，每次打电话前一定先发信息确认；毕业于某某大学；有充沛的精力和热情；等等。

快速找到与客户的"五同"：与客户同姓、同校、同乡、同龄、同爱好。有共同经历，志趣相投，能迅速拉近与客户的距离。热情接待，让客户感受到你的热忱，赢得客户的信赖，介绍自己的时候一并递上名片或打开电子名片，便于客户保存记忆。

2. 服务讲解要清楚

讲述公司房屋交易的服务流程及安心承诺，让客户踏实。示例："根据您购房的方式，我专门把交易的流程图发给您，您可以看下。公司对于购房客户还有安心服务承诺，有专门的签约中心，配备了专业的签约经理为您服务，保障交易安全。"

展示线上工具，流程可视化、签约便捷，让客户觉得在我们这里能更快找到更好的房。

讲述公司的公益贡献，如便民服务和近期的社区公益活动，让客户觉得我们是一家有责任心的好公司。示例："我们门店提供免费打印复印、代收代送快递等多项便民服务，只要您有需要帮忙的地方可以随时到门店，我们在身边，有事您说话。"

3. 商圈讲解要全面

为客户介绍商圈六大配套，让客户感受到日常生活的便利性；介绍商圈内各楼盘及价格，让客户了解市场情况进行合理选择；介绍商圈的增值潜力。

（1）交通：地铁和公交的站名、距离、步行时间、换乘路线、收费情况等；行车的交会路口、环路入口等。

（2）学校：幼儿园、小学、中学的名称及入学条件、收费标准、规模、师资。

（3）商业：超市、菜市场、商场、酒店；餐厅名称、特色、步行距离、价位。

（4）医疗：医院等级、排行、专长、著名专家、医保情况。

（5）银行：银行名称、营业厅/ATM机位置、营业时间。

（6）公园景点：景点名称、特色亮点、开闭园时间、门票、步行距离。

（7）其他：社团活动地点、人员构成、活动类型。

4. 楼盘讲解要专业

介绍小区居住成本、居住体验，让客户了解周边居住环境，为客户描述未来可以达到的生活品质。包含但不限于以下内容：楼盘名称、开发商、业界声誉、特色亮点、房龄、建成年代、入住年代、产权证下发年代、总占地面积、总建筑面积、容积率、楼栋总栋数、分布、户型情况及面积、绿化率、植物种类、车位数量、车位配比、停车费（地面/地下）、是否人车分流等。

讲楼盘要有对比以便凸显楼盘优势，对比环境、对比楼盘属性、对比绿化率、对比容积率，展示出该小区有哪些与其他小区不一样的特点，有哪些是不可替代的。

客户买房买的是一种生活方式，描述客户在小区生活的场景时，要有画面感、代入感。例如：上班通勤时间很短，大路宽阔，小路幽静；小区人车分流，下班可以跑跑步，周末可以晒晒太阳；附近湖边的景区，老人可以在这里散步、钓鱼，孩子可以在这里捉迷藏，年轻人可以在这里野炊。

5. 房屋讲解要深入

房屋基本八要素：价格、楼层、位置、年代、面积、户型、朝向、装修。房屋产权性质：已购公房、商品房、经济适用房、商用房等。不管客户知道不知道都要告知。

房屋户型：小区有哪些核心户型，把不同户型的优缺点对比讲解。重点户型要描绘居住画面和改造后的画面。示例："这个户型是咱们小区比较经典的客厅带阳台、南北通透的两居室户型，阳台这个位置非常好利用，很多客户家改造设计成书房，还有的设计成榻榻米、做个小茶室，家里偶尔来亲戚朋友也可以短暂小住，实用度非常高，特别满足您对房子的基本需求。"

带看过程中，结合实景进行讲解，由近及远作商圈和楼盘介绍，走到哪里讲到哪里。观察客户是否感兴趣，再进行侧重介绍。适时介绍自己的从业时长、圈龄、成交套数，彰显专业度。不怯场、不冷场，根据客户的实际情况，策划好每一次带看，规划好带看路线，对提升客户整个带看的体验大有裨益。

客户临时不来看房怎么办

平时看房不方便，好不容易双方约好了，业主从很远的地方过来开门，客户却告知有事无法到场。遇到这样的情况，经纪人会陷入很被动的局面。如何规避这样的问题，提高约看、带看的确定性呢？

临时爽约，从客户角度分析他可能遇到一些突发事件，如生病、家中有急事、交通不便、天气异常等。对房源失去兴趣或发现房源存在一些问题，都会是客户放弃看房的原因。

也有一些客户爽约是双方沟通不畅带来的误会，比如经纪人先确认了业主的时间，并没有第一时间同步给客户，造成客户被动，等等。

面对客户临时爽约，经纪人在准备不充分的情况下，会抱怨客户临时取消行程，导致自己没办法和业主交代。为了缓解尴尬，有的会随意编造一些客户不能来看房的理由搪塞业主。

客户临时不来看房，经纪人要清楚客户为什么不来，并且做好客户临时不来看房的预案。

1. 关切客户

保持联系，保持关切。

明确原因。如果是客户个人的真实的客观原因，可以协商重新安排看房时间。不要拖太久，尽量安排在当天或者是最近的日期。如果是客户对房源不感兴趣，要搞清楚哪里不满意。如果客户对房源的朝向、楼层、位置等物理属性不满意，可以针对客户的需求提供其他合适的房源；如果客户对装修、价位等不满意，可以建议客户先看房再综合判定，客户对房子的理解是随着实际感受的变化而变化的。

客户也有可能不会告知真实原因，比如可能是对经纪人不满意。可以尝试让店面其他同事约客户看房，侧面探询客户不来看房的真实原因。

注意，一定不要抱怨客户。

2. 致歉业主

及时与业主联系，表达歉意。

告知业主，客户无法到来以及无法到来的理由。客户未按时履约，一定程度上会给业主的行动计划带来不便，引起业主心理上的不满。在与业主交流之前，真诚道歉，解释客户的情况，若客户存在客观事实或不可抗力，可以直言不讳地告知业主，通常情况下，都会获得业主的谅解。

为了解决问题，建议同时与其他潜在客户联系，最大限度尊重业主的时间和精力。

若各种努力都试过了，本次确实没有客户来看房，自己也可以完成一场实景线上带看或者空看。

后续再来带看本房的话，一定要注意协调双方的时间，并再三确认，请客户作出承诺，以免对业主造成二次伤害。

3. 向内归因

很多事情的发生都可能是因为我们与客户交流中的一些环节出现了问题，要学会向内归因。向内归因是为了避免类似事件再次发生。客户急迫度不高的情况下，定好的约看很容易因为客户的一个饭局甚至是一个极其微小的念头而失效，所以理解客户的需求，才是最本质的问题。

从方法论上，可以在邀约的时候和客户沟通好，去约定的地点接客户，多一些前期的铺垫，增加过程中的努力指数。

同时，要把已经和业主沟通好看房的信息，尤其是业主从很远的地方或者是特意安排过来开门等信息同步给客户，从而对客户的行为施加影响。

在带看前进行多次确认。带看前一天、带看前半天至少两次提醒并确认。计算好出行时间，询问客户是否出发，并提示路上注意安全。

遇到问题，不要抱怨，做好备案，尽力争取就好。

不要觉得自己什么都能掌控，理解人性，理解他人，允许一切发生。

带看后，二次邀约失败

完成第一次带看后，二次邀约时，无论你推荐什么样的房源，约在什么样的时间，客户总是在找理由拒绝，产生这种情况的原因是什么呢？大致可概括为：客户首次看房需求未满足，感觉商圈配套不适合自己，再看也是浪费时间；沟通体验不好，感觉经纪人不专业，想换人，客户多家委托，对比之下，该中介无竞争力。

经纪人面对此类情况的错误做法有：没了解到客户不出来看房的真实原因，认为客户暂时没有需求、没时间；几次约看客户都不出来的情况下，将客户归类为不靠谱客户，之后不再维护，甚至会猜疑客户是同业来套取房源的。

我们将首看转化成二看的过程中转化率低的高频原因逐个拆解。

1. 客户没时间

很多客户工作繁忙，生活状态紧张，为了帮他们节省时间，可以做 VR 带看，让客户及其家人用 VR 看房来了解这套房源。同时，要做好客情维护，持续地给客户推荐新上架和适合客户的房源。这样做既解决了客户的精力问题，又提高了工作效率，而且还增加了一次和客户沟通的宝贵机会，对促成客户下次实地看房和提高成交概率起到了推动作用。

2. 首看质量不高

（1）专业度不够。在带看的过程中，为客户匹配的房源和客户的需求差距非常大，客户认为时间被浪费。在介绍房源和交易流程的时候，很多问题回答不及时也不准确，这会让客户觉得经纪人不专业。

（2）沟通体验差。有的经纪人说话直接，客户遇到喜欢的房子，经纪人直接告诉客户，这套房子你的预算不够，不适合你。虽然事实如此，但客户兴致盎然时忽然被驳了面子，没有得到应有的尊重，心生嫌隙，虽然嘴上不说，但是下次自然就不会再跟你出来看房了。所以在带看的过程中，交流时要随时观察客户表情，回答问题时要关注客户的状态和微表情，通过客户的反应，解读自己的回答是否让对方满意。

3. 缺乏合作

在带看过程中，很多客户和经纪人是不太适配的。如客户是严谨型，性格也比较内向，他们可能喜欢找非常正式严谨型的经纪人。若此时恰恰遇到的是比较外向，但知识积累还不够丰富的新人伙伴，两个人的交流风马牛不相及，第二次邀约看房大概率是会失败的。建议在带看前，找到店里和自己互补的或者经验更丰富的伙伴，一起合作带看。通过合作达成最后的成交，无论对客户和合作伙伴，还是对自己，都是最好的结局。

在遇到邀约不出来的客户时，也可以进行合作，客户首看后超过 15 天没有出来二看，就建议一定要找其他伙伴作为搭档来合作了。

经纪人要养成良好的带看习惯，无论是首看还是二看，都要持续提升带看质量，可以从如下两个维度着手。

（1）发现问题及时复盘。带看的时候如果有可能，可以两个人或者多个人合作，每次带看结束，大家互相探讨客户需求，指出对方带看过程当中可提高的地方，只有提升首看质量，二看邀约才有机会。

（2）提升带看认知。带看虽然是距离成交最近的一个业务环节，但不是每一次带看都会成交。带看的主要目的还是要和客户多沟通，拉进物理距离，从而拉进精神世界的距离，了解客户更多的需求，从而提升房客匹配度，最终帮助客户买到合适的房子。

我们要善于读出对方的潜台词，读出对方言语的隐藏表达。当客户说没时间时，要洞察是真没时间还是婉拒，解读出真正的潜台词，才知道该如何应对。重要的是，无论我们如何解读，都要真诚对待，不放弃任何一个客户，找队友进行合作，向前辈、伙伴学习，做好知识储备，查缺补漏，努力提升自己。

大道至简。天下难事，必作于易；天下大事，必作于细。在细节上不断地下功夫，持续地对每一次带看做好复盘，提升自己的带看质量，才能够真正地提升从首看到二看的转化能力。

约了多套，客户只看一套便失去兴趣

带看时最怕发生的事情是约了三套房，客户看完一套就不想看了，性价比最高的房源还没来得及展示给客户，此次行程就面临泡汤的风险。同时，若都已经提前约好了业主或者租户，此时爽约，也会影响他们对我们的信任。

客户不再继续看房的原因有如下几方面。

（1）带看过程中的专业度让客户不满意。随着房产交易信息的透明化，很多客户掌握的信息和渠道比经纪人还多，在听取经纪人分享时，会用自己的眼光和经验来衡量经纪人是否有能力做自己的委托候选人。

（2）首套房源与客户需求相去甚远，客户对经纪人的匹配能力开始质疑。

（3）时间与选择问题。客户同时约了其他经纪人看房，时间紧、任务重，相比之下，对方的房源更具吸引力。当第一套房子完全不在客户的选择范围内时，客户可能对此次带看失去兴趣。

出现此类问题，挖掘客户不继续看房的真实原因是非常有必要的，思路如下。

1. 定位问题

客户要走时应极力挽留，询问要走的真正原因，运用的方法是：侧面询问、引导询问、确认询问。

先侧面询问："×先生/女士，您觉得刚看的这套房子怎么样？您必须马上走是有着急的事情吗？"在问的过程中了解客户不能看其他房源的原因是房子不满意、人不满意还是时间不允许，从而再引导询问是否可以留下来继续看房："剩下的这套房子性价比很高，知道您今天来看房，业主一直在家等您。"如果客户因为时间拒绝，可以给出一些节省时间的办法："让同事开车过来接咱们，看完我们再送您到地铁站，20分钟就能看完。"当客户没有明确拒绝时，立刻确认询问："那我现在让同事过来？"

步步询问，句句挽留，在一系列的沟通过程中能了解到客户的痛点，从而对症下药找到解决办法。

2. 解决问题

（1）对房子不满意。珍惜邀约来看房的客户，不轻易放弃。客户对已经看的房源不满意，需要深挖不匹配的点有哪些，从而再次为客户匹配合适的房源。这就要求经纪人脑中有足够的房源，如果脑中房源不是很多，可以请客户回店里休息交流。

如果客户明确告知是去看其他公司的房源，一定要自荐："现在很多房源都是信息共享状态，我们平台的房源很多，其他公司的房源我们也有，可以帮忙查询一下。"

（2）对经纪人不满意。客户因对经纪人的服务或者专业度不满意而离开，也是常见的原因之一。建议在带看的过程中进行多人带看，当客户表现出对某个经纪人不感兴趣或是不耐烦时，另一位经纪人应自然地补位带看。当客户问到的问题一方不能解答时，另一位同事也能帮忙解答。

当客户事出有因必须离开时,一位同事可以帮忙送客户离开,另一位同事去和业主协调,告知今天客户不能看房并同步原因,以免让业主等待。

(3)时间不允许。客户时间紧张或是遇突发事件,帮忙计算一下距离和路线时长,如果还有继续看房的可能性,尽力再争取一下。时间确实来不及的话,可以现场 VR 看房,也可以发一些照片和视频给客户看。同时预约下次看房,明确下次看房的时间,并当着客户的面,给业主致歉解释。当面确认更有诚意,客户更容易履约。

客户离开后,要及时对他接下来的行程安全和忙碌事项表示关切。临时突发事件虽然是低概率事件,但一旦发生,就意味着需要对客户的状态有更多的关注,让客户感受到你的用心和真诚,这样距离成交也就更近了一步。

挑剔的陪同看房人

很多客户在看房时会叫上信任的人陪伴，帮他们甄别房源，把控风险。有的朋友会成为带看过程中的催化剂，帮助客户确定心意，推动客户决策。而有的朋友比较挑剔，他们往往会起到反作用。如何应对挑剔的客户，让他们满意，这是令经纪人头痛的问题之一。

我们常会遇到以下情况：客户看好的一套房子，朋友十分挑剔，给了许多建议，客户改变立场不再考虑这套房子；带看过程中，朋友在房子里当着业主面吐槽房子的缺点、价格整体过高等问题，导致业主对客户印象差，为后期约谈增加难度；客户想约谈一套性价比高的房源，朋友提示不要着急，导致最后没有及时约谈，房子被卖，错失好房；客户的朋友质疑中介费，两人一唱一和，要求打折。

遇到这些问题，经纪人的常见错误做法有：怕给客户造成不好的印象，尽量迎合客户的朋友，反而助长了其挑剔的态度，给带看持续增加负担；不掩饰对客户朋友的厌烦，在整体服务态度上处处体现着不耐烦，直接导致客户对经纪人不满；被客户的朋友所谓的"专业的看法"影响，产生自我怀疑；控制不好自己的情绪，与客户的朋友就挑剔的问题进行争论，甚至出现言语冲突；等等。

想要解决这个问题,建议分别沟通,在沟通中注意方式方法,逐一击破,有条件的可以和搭档配合。

1. 对客户

首先要对其朋友的建议表示肯定。客户选择带来的人,一定是关系亲密、信任度极高的。你质疑他的朋友就等于质疑他的眼光,所以千万不要吐槽他的朋友,这样会引发客户的反感。不与客户站在对立面,又给予对方尊重肯定,是我们专业的一种体现。

然后结合客户需求,分析其朋友挑剔的问题点,强调整个房源匹配过程都是根据客户的实际需求而来的,所以我们带看的房源是相对优秀而非绝对优秀。在需求匹配的过程中,一定是根据客户的自身情况进行了取舍。明确这点很重要,万物平衡,有舍有得,不能既要这又要那。

选择跟朋友一起看房的客户,有一定程度的依赖心理,你真诚对他,他诚心对你,所以要始终倡导我们与客户的目标是一致的,巧妙地帮助客户梳理思路,帮助其决策。要让客户清楚地知道自己本次购房的能力,与客户说清楚房子的优势和劣势,无论是客户的朋友还是专业经纪人,任何人的建议只能参考,决定权还是在客户自己手里。要让客户结合自身情况,权衡利弊,万一错过优质房源,得不偿失。

2. 对客户朋友

客户带来看房的朋友,除关系亲密之外,还有另一种可能,这个朋友在客户的朋友圈层里,具有购房或房产相关的知识储备和经验,甚至可能与我们是半个同行。所以我们同样要对客户的朋友提出的意见给予肯定和积极回应，抛出赞美共赢的橄榄枝，通过肯定拉近距离，把客户的朋友也变成我们的朋友。

通过真诚的交流，观察对方的知识储备与思考水平，如果大家彼此聊得来，能够协同帮助客户更快更好地选择合适的房源。可以邀约客户的朋友之后一起来看房、谈判，参与重要环节，让客户的朋友觉得自己的意见被认可和重视，不知不觉间，与我们统一目标、统一阵地。

陪同看房人很挑剔，没有关系，做到不排斥、不忽视，要知道挑货便是买货人，他的态度很关键，成败都可能因此变化。将客户的朋友转化成我们的朋友，充分肯定，适时赞美，巧妙地给出合理建议，分别沟通，逐一击破。

即使在沟通中，因为彼此意见分歧，听到了一些不想听到的声音或是受了委屈，也要保持克制，保持冷静，始终记得大家的目标都是一致的，都是为了实现更美好的居住愿望。

客户只看不买

现行市场下,客户购房愈发趋于理性,多处思量,多方比较,多头行动。在最终决定购买某个房子之前,一定会拒绝很多套房。很多经纪人会遇到以下情况:区域内能看的房子客户全都看了就是不买,所有房源客户都有不满意的地方;有些客户看过房,感觉其中几套还不错,但是也不着急与业主见面谈价。每次邀约都出来看房,却只停留在不断看的阶段,一旦我们向下一个流程推进,便会遇阻。

为什么会有以上问题出现?原因如下。

(1)对附近商圈房源失去信心。经纪人根据客户的需求筛选,但是商圈中的房源数量和类型有限,在售中的房源客户都觉得不是很满意。等新房源挂盘,客户等着等着便失去信心,选择去其他商圈看房。

(2)对经纪人失望。给客户推荐及带客户实地看的房源都不符合客户需求,于是选择其他人为自己服务。

(3)等待时机,错失房源。客户对市场预估悲观,觉得房子的价格还能降,即使看到不错的房源也等着降价,结果因为不着急而导致连续错过很多合适房源。

(4)资金不到位或是决策人不在身边。客户购房置换,需要卖掉现有住房才有首付款;决策人不在身边,自己只能看房了解市场，不能做主。

针对以上问题，经纪人错误的做法有：不停地带看，期待通过量变引起质变。认为只要看得多，总会有客户满意的房子，虽然没有看到成交的苗头，但有看房量也可以。每次带看后，被动等待客户考虑，没有起到助推作用，没有为客户提供数据价值，没有帮助客户思考，导致很多时候客户错过适配度高的好房。

客户只要咨询，且愿意花时间出来看房，他一定是有需求的。我们要解决这个难题，首先要做的是，搞清楚客户只看不买的原因到底是什么。

1. 不清楚客户的真实需求

带看是进一步了解客户需求、服务客户的好机会，如果不清楚客户的显性需求、隐性需求，哪怕带客户看再多的房子，都是徒劳无功的。频繁地带看会使双方疲惫，时间久了，便会不了了之。当带看了一定套数之后，不要盲目行动，要及时询问原因，基于了解到的最新情况进行房源匹配，实时关注客户看房的反应，判断其是否为购房决策人，再作深入沟通。

有的客户对房源及市场并不是很了解，看房没有方向，经纪人要做的就是利用自己的专业知识，引导性地提问，让客户逐渐清楚自己到底想要什么，此时，再帮助客户分析已看房源，通过排除法排除掉客户不能接受的条件，再次匹配房源时，缩小范围即可。

若新人经验不足，可积极邀约回店里，寻求店经理、师父、资深经纪人的帮助，大家一起配合为客户梳理购房需求。

2.客户对市场持观望态度

尽最大可能挖掘带看房源深层次的价值点、稀缺性，从房源地段、环境、户型、价位等常规的卖点入手，让客户感觉物有所值，坚定客户买房的信心。

如实地把现有政策的利弊分析给客户，从根因入手解题。在上行市场（即卖方市场）中，任何政策产生的成本，卖方都想把它转移到买方身上。在下行市场（即买方市场）中，选择的空间会更大。根据近两年的经验来看，很少有人能够准确抓住房价下跌或上涨的节奏，大多数的买房者都是在观望之后才发现房价又稳步上涨了。所以有句话说，正确的买卖时机应该是，买在无人问津处，卖在人声鼎沸时。

与客户真诚沟通，如果是刚需，看到好房，只要有能力购买，不妨直接购买，当下就是最好的时机。在宏观经济里，买房被定义为投资，而不是消费行为。因为长期来看，房子是具备保值增值、抗通货膨胀能力的。

3.客户有其他选择

第一步，挖掘原因。了解客户咨询过或者看过的其他商圈，分析与自己负责的商圈相比有哪些优劣势。

第二步，锁定房源。通过多种渠道——与客户沟通、借助同事力量、线上客源解读、客户看房记录，了解客户在其他商圈选择的房源有哪些。

第三步，按图索骥。为客户寻找同品质的房源进行推荐。寻找系统内已登记的在售和出租的房源、历史库存的房源及近期社区新开发的房源等。

以上是常见的三种原因及对应的解决方法，除此之外经纪人要调整好心态，面对客户只看不买的情况，不要操之过急，自乱阵脚，成交周期长本来就是这个行业的特点。愿意出来看房的客户一定是有需求的，无论是想了解还是想行动，至少代表他是感兴趣的。

这种由兴趣到需求的过程，有时也需要适当的刺激。遇到热门、稀缺房源，借势推动客户看房选择，不要担心客户会生厌，即便他不作出行动，也会感谢你提供信息。要时刻关注市场政策和新出的优质房源，在持续的带看中培养出良好关系，为客户带来情绪价值，也不失为另一种意义上的"成交"。

客户不急于购房

日常带看或者邀约，甚至在谈判时，都会遇到客户这样说："不着急，看看再说吧！"每到此时经纪人就会不知所措，在漫长的等待中，好的房源不断被其他客户成交。

经纪人在处理这个问题时会出现两个极端：①客户不急，我们也不急，继续给他找合适的房子。②不顾客户感受，极力劝说当下是最好的买房时机，催得客户很反感。

客户不着急的原因有：①房源匹配不满意。②自己不是决策人。③目前资金没到位，急迫度不高。④对市场预期持悲观态度。

针对以上四个问题，我们的解决方案如下。

1. 从客户需求方面入手

循序渐进做好客户需求探询。在和客户沟通时要区分客户的核心需求和基本需求，所谓核心需求就是客户坚持的、必须满足的需求。需求要探询、要深入，不要停在结论上，要探询出客户坚持的原因。比如客户表示不要顶层、不要一层，经纪人不要按客户要求直接行动或者下结论，而是要问清楚客户不要顶层和一层的原因是什么，比如，顶层带电梯是否可以，一层带花园是否可以。

要一个问题接一个问题地和客户深入探讨，不要怕客户说不着急，要清楚客户说不着急的原因，才能不断优化为客户匹配房源的精准程度。

2. 判断客户是否是决策人

侧面了解客户是否为决策人,例如:"今天的房子看得怎么样?如果确定和业主谈,您还需要和家人商量吗?"巧妙沟通,会让客户在比较舒服的情况下告知决策人是谁。

客户若不是决策人,那此次带看距离最终成交还有很长的路要走。建议搞清楚决策人之后,一定要邀约决策人进行复看或一同看房。如果客户表示家里人平时比较忙,可以和客户沟通让决策人通过VR或者实景直播看房。

3. 判断客户资金情况及购房的急迫度

询问客户现在的房源情况,如果此时的状态是租住,可以询问本次购房是结婚用还是自住刚需。如果此时住的是自有房产,可以询问客户购买第二套房产的资金是否充足,是否需要出售现有房产之后才能够支付。

一般采用的方法是为客户讲解购买二手房的交易流程,在什么时间节点需要支付哪些费用,提示有什么样的风险,这样在讲解的过程中就可以了解到客户的资金现状及来源,明确其资金情况以及在什么条件下会定房。

4. 客户对市场预期悲观

与客户沟通时,我们尽量不要对房价涨跌作预测,保持中立的市场观,未来无非面临如下两种情况。

(1)房价持续上涨。此时定房无疑是最好的,既能够找到合适的房源,又能够以比较合适的价格入手。

（2）房价持续下降，即便如此并不影响客户现在购房。下行市场购房会有几大优势：①较多的房源可供挑选，客户容易找到自己最喜欢的房子。②议价空间比较大，看好的房源，和业主尽量沟通，甚至整个交易流程都会快很多。③买房自住不是为了炒房，不会买过来短期之内就卖掉。从长期看，房子再次出手的时候才能够看最终的涨幅或是下降程度。从现状看，维持房地产市场平稳健康发展是整个社会经济发展的主基调，按需购房，保值的同时也可对抗通货膨胀。

部分客户不急，并不影响整个市场，不代表整个市场中客户的整体状态，也不应该影响我们的思考。从多维度看问题，也可以在好房上多下功夫，为真正有需求的客户解决住房的问题。困难是试金石，危机即机遇，抓住机遇，乘势而上。

客户不认可中介费

天时、地利、人和，在诸事顺利、万事俱备的情况下，经纪人最怕的是客户对中介费不认可。

这个问题躲不开、跳不过，最终会被摆到桌面上来，与其留到谈判时去解决，不如在带看中将问题前置解决，为后期交易扫除障碍。

有些经纪人担心客户提及中介费打折，自己处理不好会影响继续看房。为了避免矛盾，经纪人在带看中只字不提，留到意向谈判时让店长沟通，等客户到谈判桌上才知道中介费收取的具体金额。客户认为只看几套房就成交了，对收取高额中介费的行为表示不认同。

逃避问题只会延迟问题到来的时间，增大解决问题的难度，并不会阻止问题的发生。如何在带看时和客户提及中介费并让客户理解和接受呢？具体方法如下。

1. 做好自我介绍和公司介绍

一个好的自我介绍对提升客户的信任度是有帮助的。对客户而言，前些年选择一位房产经纪人可谓是盲盒操作，现在却可以有很多渠道。线上沟通或是线下见面时的言谈举止就能很容易洞察经纪人的专业度。在医院看医生时，专家号诊费那么高，等候时间那么久，还是一票难求，这就是高专业度引起的高信任感。

差异化的介绍非常重要，要突出自己的独特性。客户通过你的自我介绍可以辨识出你与其他人的不同，是学历高、从业时间长、谈判能力强，还是熟悉商圈。作为一个房产新人也可以这样表达："我虽然是个新人，但我只有您一个客户，我的时间比别人多，可以全天帮您找房。"

公司介绍，一定要突出公司的安全性。房地产行业的特点是标的值高，一套房产，少则十几万元，多则成百上千万元，客户需要安全、万无一失的交易保障。有品牌大、服务好、口碑好的门店和平台加持，风险程度会大大降低，这也是费用高的原因。

2. 在带看中铺垫并确认中介费用

积极提出问题，以真实案例回复。可以直言不讳地提及："我为您寻找房源，如果达到成交条件，您选择在我们公司签约是需要支付 × 个点的中介费，您是知晓的吧？"

客户如果此时质疑："这么贵？能打折吗？"

可以讲一个合适的案例来回复："我上周成交了一个客户，在看房时也提了和您相同的问题，最后还是按 × 个点支付了我们费用。他看上的房源，我帮他和业主沟通，业主最后降了 10 万元成交。您可以先看房，我可以在您购房时更多地帮您争取利好的条件，这比降中介费更有价值。"

也可以在自己有把握的情况下，主动争取一个约定。在客户表示对某套房子感兴趣时，提出帮他谈到一个心动的价格，如果谈到目标值，那中介费就不要打折了，如果没有谈到目标值，可以打个折扣（自适应，在公司规定的章程下进行操作）。这个方法的本质依然是把问题的关注点从中介费引导到成交上。

3. 正视可能发生的矛盾，积极解决

注意服务态度，做好解释工作。

对于那些声称要是不降中介费就去其他公司成交的客户，一定要保持好的态度，履行应尽的服务责任。其实贵有贵的道理，如果你的品牌、专业性和渠道资源是优于同行的，是具有不可替代性的，可以分析给客户听。不要因为怕流失客户而曲意迎合客户，胡乱承诺。

没有什么是一定不能解决的，在带看中把可能发生的风险提前暴露出来是件好事。应始终记得，我们是以帮助客户找到心仪的房子、提供长期的服务咨询为目标，在专业的基础上建立信任关系，从而建立友谊。

带看后回访的时机

回访作为与客户增加黏性最重要的一环,在交易推动过程中起着至关重要的作用。很多伙伴给客户回访时,常陷入一个怪圈,想高频回访又担心客户觉得被打扰,若间隔一段时间,又会担心失去与客户之间的黏性。那最佳的回访时机是什么?怎么回访?都是我们带看后非常头痛的问题。

带看结束,经纪人会纠结:客户并没有表现出对哪个房子有意向,要不要回访?晚上带看后刚送走客户,大半夜回访会不会太打扰客户了?当天回访过,客户反馈再考虑考虑,他是在考虑什么,以什么为切入点再次跟进回访?客户没看好这个房子,需要回访业主吗?

思考以上问题前,先来看下面的场景你是否经历过。

(1)客户担心对购房表现得过于急切会受经纪人牵制,所以经常强调自己不着急购房。很多经纪人碍于客户不急迫的态度,不敢跟客户高频沟通,担心打扰客户,引起客户反感。殊不知,这样往往会错失建立深度链接的机会,导致客户流失。

(2)客户担心袒露对房子的喜爱会影响后期房价的沟通,加之与经纪公司建立的信任关系不够,会刻意隐藏情绪。经纪人误解客户没有看上该房源,就没有持续跟进。在该房源有其他变动时未能及时与客户沟通,导致客户错过一套本来很喜欢的房源,加重对经纪人的不满。若再重新开启寻找，成交周期无限拉长，陷入另一个循环中。

（3）客户当天看完房，经纪人想着给客户点时间考虑，通常会选择第二天回访，结果有些热门房源当天即成交。

（4）经纪人经常因为工作忙而忽略了带看后回访和反馈，导致业主觉得经纪人带的客户不靠谱，耽误他时间，未来不再积极配合看房。

针对回访时机这个问题，经纪人不要给内心加太多的戏码，谨记"及时""有效"两个关键词，以终为始，思考要回访哪些内容、回访目标是什么后，即刻沟通。

下面分享几个回访比较恰当的时间点和注意事项，辅助经纪人增强与客户之间的黏性。

1.带看后当日回访

经纪人会担心，白天刚带看完，需求也比较清楚，晚上沟通是不是太打扰客户了。其实不然，想清楚回访沟通要达成什么目的、能为客户带来什么价值即可。

及时的回访可以帮助客户再次梳理白天所看的房源，回顾房子的优缺点、涉及的相关税费等。一方面帮助客户回忆当日所看房源，针对倾心房源开展推进工作；另一方面也可以在与客户沟通的过程中再次深度挖掘客户的隐性需求，让下次房源匹配更有针对性，并直接邀约下次看房时间。

若当日看房后时间较晚，可以询问客户是否安全到家、对客户的配合道一声辛苦等，情感价值的输入也是回访的重要目的。

总之，不管早晚，当日回访，及时跟进。

2. 房源信息更新时回访

带看后的一段时间内也要回访。过往客户曾经看过的房源更新了动态，也是一个回访的好时机，通过信息触达来分析客户现在的购房急迫度，同时通过已看房源变动信息来客观验证之前的推论。若房屋售出，证明好房不等人，若房屋调价，则通过调价区间，来锁定我们的目标区间，不断明确客户的心理价位。

3. 业主回访

经纪人带看后经常忽略业主回访。换位思考一下，对于一个诚心卖房的业主，他是非常期待带看后反馈的，业主需要了解客户选择或者不选择的理由，方便他做好调整，调整心态和相关事项，促进更高效成交。当自己不方便与业主反馈时，可以同步信息给维护人，让维护人及时反馈，更好与业主建立联系，也为下次约看打下基础。

及时地与客户沟通、向业主反馈很有必要，业主也有成为客户的可能。看重每次与客户、业主双方沟通与见面的机会，撮合双方往成交的方向共同努力。

让客户、业主依赖你，随时能找到你，第一时间想起你，这是及时回访、及时反馈能给我们带来的巨大价值。

签约篇

签约前的注意事项

作为一名经纪人,需要具备专业的知识,为买卖双方保驾护航,对整个交易可能出现的风险作必要的防范。作为高成本、低频次的交易,客户和业主都期待这单交易能顺利办理。对经纪人而言,谈判不成或是签约后出现纠纷都会对工作带来巨大影响。要重视每一次签约前的准备,防患于未然。

签约可能会出现的问题场景有哪些呢?

(1)证件不齐。在没有交易经验的客户和业主的意识里,签约就是签合同,实则不然。签约需要提前准备好相应证件来作资格审核,看是否符合交易准入条件,如果经纪人不提前嘱咐具体的携带证件类型,很可能因为证件不齐造成无法签约。

(2)合同签署仓促。为了快速签约,很多时候客户和业主没有仔细看合同条款,例如首付款交付时间、屋内物品留存情况、房屋交付时间等,造成在后续的交易过程中出现纠纷。

(3)客户资质不足。买卖双方都很有意向,但是因客户资质问题导致购房限制或是贷款出现卡点。

（4）临近签约房源下架。在双方约定好之后，房屋存在惜售或是已卖出等情况。

为避免上述签约现象发生，有必要做好签约前的沟通和跟进。

1. 有效沟通

在签约前与买卖双方进行充分沟通，告知需要准备的资料、谈判流程及可能发生的状况，为后期的签约谈判做好铺垫。

（1）与业主沟通。了解业主的报价是否有浮动余地，了解业主的实际情况和一些底线条件。业主的要求是谈判过程中可以抓住的点，以这个点来换取客户的条件。了解清楚后提前给客户做好铺垫，避免在谈判过程中触碰客户底线。

（2）与客户沟通。提高客户的价格预期，了解客户可接受的价格上限，预判双方的实际价差有多大，做好应对的策略。在沟通中要注意做到有态度，保持中立，不编造，不直接传话。双方的信息要经过加工后，善意地输出，不要生硬传递，以免造成双方未见面谈判就产生对抗心理。

对于双方签约时的备件，比如需要调取的证件，可以把调取渠道提前分享给双方，并及时跟进调取进度。对于签约备件做到电话通知一次，再用微信、短信以文字形式告知一次。周到体贴，线上留痕，有迹可循。

2. 持续跟进

买卖双方未到达签约现场前，一定要及时跟进，避免意想不到的事情发生。

约签的时间要趁早,尽量不要让客户和业主直接到签约中心,最好约到店面,然后一起去签约中心,以免双方路线出错或者被其他人、事干扰。

在签约之前,若业主的房源还对外展示,其他客户还可以看房,经纪人除了要时刻关注看房客户的情况,还要关注业主的心态并及时向业主了解这些客户的信息,同时为客户储备备选房源,以免意向房源被卖掉,丢房丢客户。

对于客户而言,如果出现更合适的房源,一定要告知客户,不能因为当前房源只差临门一脚就可以签约,而忽略了客户的利益。

我们是专业的经纪人,在利益面前要守住本心,恪守行业规则,为客户实现更美好的居住愿望而做好服务。

3. 风险规避

签约的风险集中在两个方面:人的风险和房的风险。

(1)人的风险。查验业主作为签约人是否具备签约资质。当业主签约人符合以下其中任意一条时,则签订的合同为无效合同:①未提供有效证件。②房屋产权为共有,共有人未同意出售。③无产权本人签署的"授权委托书"。

查验客户是否具备签约资质。客户签约人符合以下其中任意一条时,则签订的合同为无效合同:①未提供有效证件。②不具备购房资质,个税缴纳/社保不符合购房条件,征信不具备贷款条件。③无客户本人签字的"授权委托书"。

当客户/业主签约人是法人主体时,需要查验它们是否具备相关资料：①营业执照、组织机构代码证、税务登记证或在其他机关依法登记的相关证件。②若所售房屋属于公司，需要审核董事会决议、股东会决议同意出售/购买的书面文件。③若所售房屋为二手房且属于国家或集体财产，应审核政府主管部门的批准文件。

针对不懂的事项，不要信口开河，要向其他伙伴或者有关部门咨询后再三确认。

（2）房的风险。审核房产证原件及票据。要到房屋管理部门对房产证进行真伪查询，对于其他票据也要认真审核，并要求业主带到签约现场。对于限制交易的房屋坚决不允许签约。限制转让的房屋有：①国家不允许更改为商品房的经济适用房。②依法收回土地使用权的房屋。③权属有争议的房屋。④法律、行政法规规定禁止转让的房屋。⑤登记材料与实地明显不符的房屋。

若房产证有抵押，要了解房屋抵押的情况，包括抵押的银行、机构或个人，还款期限，能否提前还款解除抵押等。

邀约签约谈判时，一定要建议决策人到场。除此之外，经纪人还要随时关注相关政策，了解最新的交易政策，一旦涉及买卖双方切身利益需及时告知。

在做好了一切事务性的准备之后，还要注意关注自己的情绪变化。每次谈判签约前，经纪人心中会有兴奋也会有一些焦虑，要去正视这些情绪。若无法接纳和处理，这些情绪便会形成一种无形的压力，对签约造成影响。

所有的风险都需要提前防范,万全的准备是为了成功签约。另外,还要保持良好的签约心态,一旦签约不顺,要快速复盘,解决问题,尽快与双方再次谈判签约。

双方约见时出现突发状况

你可能经历过以下场景：满心欢喜地约好买卖双方见面谈判，业主却表示不卖或客户表示不考虑了；约好签约，业主却告知最近市场政策利好，要涨价2万元，若是客户同意再继续谈；本来已经和客户谈好价格，可客户在签约前突然改口说，需业主降5万元再考虑；临近签约沟通的时候，业主突然联系不上了；约好面谈的时间，客户告知要带个律师朋友一起来谈……

签约时如果业主临时反悔，客户会认为经纪公司不专业，会不选择继续委托。面对客户价格一降再降的要求，会让业主直接拒绝签约，甚至停售。不管是业主还是客户，任何一方出了问题，对另一方伤害都很大，对经纪人来说也有可能错失最好的签约时机。

从初识客户到约签，相信每一位经纪人都作了大量的沟通、筛选、带看的工作，也经历了不少的风吹日晒。好不容易推进到临门一脚时，出现突发状况，就会干扰节奏，打击工作热情。

面对上述问题，经纪人容易出现这样三种表现：①不知所措，尝试沟通无果，被动接受现状；②情绪激动，抱怨业主或是客户；③开始自责，认为是自己的问题。

遇事不慌，冷静面对，凡事都有破题的方法。

当业主或是客户表示不卖、不买时，问询背后的原因，如果对方回答模糊，一定要想办法见面，表达诚意，极力争取。如果一方确定有变化，也要尽力请双方见个面，做好解释工作，消除另外一方对经纪人的误解。

价格，永远是客户和业主最关心的问题，加上双方随时有可能接收到市场上的干扰信息，影响判断，价格变化是引起突发状况的主要原因。据以往经验分析，业主更容易相信自己的房子可以卖得更高，即便是业主挂盘1年，在市场有风吹草动时，也会存在这种现象，对利好消息，宁可信其有，临时涨价；客户更愿意悲观地看待市场，担心自己会买贵了，所以货比三家，再三斟酌，一拖再拖。当遇到因为价格变化而引发突发状况时，不要着急，要帮双方作理性分析，有理有据地讲解市场现状，一定要挖掘出客业双方发生价格波动背后的原因，能见面一定要见面沟通，这对挽回此次交易特别有帮助。

面对客观原因，如临时有重要的事情无法到场，一定要重新邀约最近的时间。上午不能来，就立即邀约当日下午或是晚上，当天不行就试试明天或后天，一定要控制时间间隔，越短越好，以防变数增加。

任何突发状况都是有潜伏期的，不能等到问题出现了才去解决，要在平时训练自己的专业力、洞察力，防患于未然。建议从带看故事化、协作"1+1"、保持好心情三类思路拓展预防。

1.带看故事化

在带看过程中可以讲解其他客户的案例故事，让客户提防这个行业的一些乱象，比如恶意竞争等。让客户先相信自己，再相信经纪人，相信眼前存在的业主和他所出的价格。可以说明房产市场的特性即唯一性，没有一模一样的房子和一模一样的业主，所以定价都是个性化的一房一价。提供最近的成交数据给客户作参考。讲上几个故事让客户有共鸣，把可能发生的隐患在带看时、在需求沟通时，消灭在萌芽状态。

2. 协作"1+1"

每一套房源都有维护人，如果维护人和业主的关系不错，可以通过协作的方式，在带看、约谈时双方做好分工，各自维护一边，减少突发状况的发生。门店里师徒间合作，加上店长多年的沟通经验，"1+1＞2"，合作共赢。

3. 保持好心情

墨菲效应，担心什么来什么。所以首先不要充满疑虑和猜忌，心向阳光，永远相信美好的事情即将发生。同时，也不要盲目乐观，希望越大，失望越大。能承受最好的结果，也能承担最坏的结局，要有一定的预期，允许一切发生。

如果真的遇到了突发情况，先要尝试解决问题，不要被情绪束缚，当日能解决最好，若不能解决要做好后续跟进。大多数单子的成交都不是一帆风顺的，永不放弃、做好服务、看淡结果，属于你的终究会到来。

怎样和业主谈价格

价格是关系整个谈判成功与否的关键要素。几乎所有购房的客户都想让业主降价，只有降价了心里才舒服，认为业主不降价就是没诚意或是经纪公司能力不行。考虑到降价的主动权通常掌握在业主方，所以我们日常谈判中很容易把"火力"集中到业主身上，积极沟通议价，可结果往往不尽如人意。

关于客户出价的卡点有：客户首轮出价距离业主报价相差太大，缺乏继续沟通的可能；客户中期出价，业主反馈比自己心理预期低太多，很难继续推进沟通；客户后期出价还是达不到业主预期，引起业主反感，质疑客户购房的能力和诚意，拒绝继续沟通。

客户出价较低，除想能省则省以外，也是对市场和交易信心不足的表现。客户想降低自身购房的风险，会一直处于观望和等待状态，不断压价，这种现象尤其在下行市场中表现明显。当客户表示某价格已经是自己能接受的上限后，经纪人也开始自我设限了，认为客户已经竭力出价了，便不在客户侧进行重点突破。

客户认为自己出价合理，业主报价高，让经纪人去给业主作解释工作。业主基于对近期交易行情十分关注，了解到同户型有成交，且价格高于客户出价，所以坚持自己不降价的立场。此时经纪人、房源维护人、店长轮番上阵与业主沟通，业主只会感觉其中有猫腻，会加深对市场真实交易状态的疑虑，认为我们只站在自身角度和客户角度思考问题，忽略他的需求与感受，配合意愿度会降低，一度会让签约谈判陷入僵局。

其实在签约谈判时把重点目光放在业主方并没有错，业主方的话语权确实大一些，但用什么方法沟通呢？是不是客户侧真的没有持续沟通的必要呢？带着这几个思考，给大家分享几个日常谈判桌上沟通价格的方法，希望对大家能有所帮助。

1.同理心沟通获取业主认可

经纪人容易陷入一个误区，认为找出房子的弊端才能让业主降价，然后将房子的各种问题抛向业主。这种行为非常容易引发业主的反感，直爽的业主可能会直接回怼："嫌房子这么多问题，就别买了。"

正确的做法应该是，我们在这场交易谈判中保持中立。

首先要认同业主，无论房子此时处于任何状态，它当初都是业主精心、慎重选择的，倾注了心血，并在长期居住中建立了深厚的感情。所以对房子的否定就是对业主当初选择的否定，是非常不友好的表现。应该先对房子的配套、小区、楼层、户型、装修等相关因素给予积极评价，让业主愉悦，减轻彼此间立场的对抗性。其次要表明态度，我们的核心目的是双方成交，诚恳地陈述价格差距，分析房屋和当前市场的利弊给对方听，并说明我们的中立性，一方面希望帮客户找到好房，一方面希望帮助业主卖到更好的价格。

向业主说明，他在这场交易中有定价权和决定权，我们作为居间方，会努力提高客户对好房的价格预期，撮合双方签约。请业主评估市场，评估自己的出售需求，再结合客户诚意购房的态度，作科学的、适当的价格调整。

2. 言之有据

有了好的基础就要进一步沟通价格了。历史成交数据、在售房源带看数据、小区同户型平均成交价等都可以成为与业主沟通价格时的事实依据。在谈判前，通过这些数据向业主透传信息，言之有据，让业主知道现阶段自己的报价和实际成交价存在多大差距，并给他时间去观察、验证。同时也向其表明，不合理的报价会导致客户流失，影响后续客户的带看。以此作为延展，把要素包裹全，引导业主思考，是我们专业能力的一种体现。

3. 强调客户优势

可以努力挖掘在这场谈判中客户的优点。从付款方式、时效性、手续的便捷性，以及客户的性格、能力和诚意等谈起。与其说客户超过多少钱就不买了，不如说客户对这个房子青睐有加，已经凑集了能力范围内的所有资金，客户诚意十足，只是现在价格还有一点差距，希望业主在合理的范围内善意让步，以成人之美。

4. 条件换条件

若价格不降，可以从其他条件着手。

如果遇到非常坚持价格的业主，不要放弃，盘点交易中是否有其他可以用来置换的有价值的物质和条件，如腾房时间、家具家电、车位、租期等。

如果客户此时为租房状态，业主早腾房一个月对客户来说可以省下一个月的租金；冰箱、空调这种客户购买成本很大，业主迁移折损也很大的物品，可以商量作为抵扣，若业主同意留下，对客户来说，可以节省一笔不小的开支；很多业主自住的房子燃气费、电费、车位费、物业费等都会有富余，若不与客户作结算，也间接节省了客户的购房成本。

所以别急着放弃，努力探寻这些可以帮客户节省支出的条件，间接降价也是好的。

在整个谈判过程中还有一个重要角色，那就是房源维护人，作为平时和业主交互最多的角色，他一定对业主的喜好、性格、心理价位等相关信息了解得更深入。谈判时，他的建议会更容易让业主接受。相信合作的力量，在整体谈判前一定要跟房源维护人进行深度沟通，谈好在哪里要做好配合，谈判时遇阻也要及时向维护人寻求帮助，有维护人助力，谈判会事半功倍。另外，也要做好客户的价格预期管理，双边寻找机会，为双方利益争取最大的可能。

签约氛围尴尬

因价格、交房时间、付款方式、屋内物品如何处置等问题双方互不相让，双方要求佣金打折等情况出现，会造成签约时场面尴尬，引起大家的紧张情绪，对双方的关系造成损害。此时经纪人若不积极处理，会使局面僵化，如果经纪人情绪管理失衡，会直接激化矛盾，导致签约失败，商机外流。

面对此类问题，可以使用隔离谈判法。

隔离双方。巧妙地将买卖双方分开是隔离谈判的首要任务，可以借助工具，通过微信或者电话把一方叫出谈判室。可以巧借机会，如借一方小憩、上厕所的机会隔离买卖双方。也可以提议暂停谈判，直接分开买卖双方。隔离的时间最长不能超过 30 分钟，买卖双方都要有经纪人进行沟通，切忌一方无人问津、单独等待，引发猜疑。

签约氛围尴尬的原因主要有以下几个方面：沟通不顺畅，信息遗漏，之前没有充分沟通；对签约价格、条款、条件等产生利益分歧；同业干扰。

1. 沟通不顺畅

当斡旋现场出现沉默、陷入尴尬时，需缓解氛围。让导致沟通不愉快的人员暂时回避，更换人员来调节现场的氛围。双方都想争取最大利益时，经纪人可以寻求共赢的解决方案。分别强调各自需求，让双方意识到自己的核心目标，平复情绪。

2. 产生利益分歧

一种是业主涨价或在有关利益上不妥协。

不知大家意识到没有,在谈判中当业主提出涨价时,经纪人会下意识地抗拒,觉得业主是问题制造方。作为居间方,我们要时刻清楚这场谈判的意义,不是要帮助客户省下多少钱,而是在双方能接受的条件下促成交易。

首先要对业主的提议表示理解,和业主一起分析原因,是最近看房客户多,有什么房产新政策,还是近期有客户出价高。这些条件都容易引起业主改变心理价位,这是人之常情。找到原因后我们可以提一些问题,比如是否有出价面谈的,是否有更优质的客户在等候,等等。然后围绕近期签约成交信息,客观阐述在售房源性价比状态、历史成交数据、在售房源带看数据、小区同户型平均成交价,言之有据地告知业主真实的市场情况,通过理性沟通与情绪关切找回业主初心,回归谈判原点。

另一种是客户出价低或在有关利益上不妥协。

安抚客户情绪,替业主发声。在市场趋势向好的前提下,建议大家在约谈前先给客户作心理建设,阐述最近谈判过程中很多业主出现了惜售心理。

当事情真的在谈判桌上发生时,向客户客观反馈市场和业主状况,包括惜售、不降价的原因,请客户理解。开诚布公地讨论当前情况,通过说明市场的供需关系、竞争情况,适当调整客户对价格的期望。请求换位思考,站在业主的角度,业主也有难处,比如业主是给孩子换学区房、业主自己看的房子在同步上涨等。

当双方对签约价格、条款、条件等存在分歧，经纪人针对一方沟通时，首先要体谅，站在对方的角度思考，尊重彼此的意愿，给予客观分析，不要表现出偏袒某一方。咨询是否有附加条件，如利用腾房时间补齐价格差距，利用赠送家具家电、房租等补齐价差，考虑一切能想到的交换条件。

及时和另一方沟通进展，告知对方作出让步的为难点，让一方感受到另一方的诚意。

3. 同业干扰

不要因为同业的行为而慌乱，保持冷静是处理问题的基础。若业主/客户受到干扰，坦诚沟通，告知这样的情况是同业的不正当竞争行为，并借助案例说明，让业主/客户了解到行业中存在不规范的房产经纪行为，会给业主/客户带来利益损害。

不恶意诋毁他人，不替业主/客户作决定，把事实说清楚，把选择权交给他们。

经过隔离谈判后，若不良情绪消散，气氛缓和，可以再次让双方见面，确保已经准备好解决方案能推进问题解决。告知双方再次相见时，需保持积极的态度，经纪人应努力促成交易，让双方都有"赢"的感觉。

出现尴尬气氛时，经纪人始终要保持中立，全员齐心协力，双向积极沟通，不偏不倚。无论双方最终如何决策，都尊重他们的决定。做事说话留有空间，留下回旋的余地。第一次谈判失败后，再次谈判成功的案例不胜枚举。

价格以外的其他分歧

在签约的过程中，最影响成败的因素是价格，大家围绕出价、报价作博弈时，往往忽略了除价格以外的其他事项也是有拓展空间的。在很多签约失败的案例中，有一大部分是因为在腾房时间、家具家电是否赠送、付款时间、付款方式等非直接价格问题上出现了分歧。

1. 腾房时间

客户有两种情况急需入住：自有住房已售或者目前正在租房。按照客户的规划，急需在一个合适的时间点搬入新家。此时业主也可能面临同样的问题，新家未安置好，不久后才能入住，还需要在现有房屋里过渡一段时间，为客户提前腾房对业主自身来讲也是一件很为难的事。

首先要对客户和业主的问题表示理解，让他们换位思考，寻求双向理解，弱化时间的紧张感。

解决思路有：客户如果是租房是否可以短时续租？客户（在另一单交易中是业主身份）如果也是置换，可否和自己的客户协商延期交房？业主是否可以在费用方面作一点让步，按照自己的腾房时间，以月租形式扣减，以此抵消客户那边因延期入住而产生的成本？

2. 家具家电是否赠送

这个问题的明确要趁早。在业主报盘的时候就要问清楚，房子内的家具家电是否会附带赠送，如果赠送还会成为一个卖点或者优质的谈判条件。比如 3000 元的空调若卖掉，只能拿到极小的残值，但对于客户来说却实际解决了 3000 元的问题。

如果业主答应出售房子可以赠送家电，但是在谈房价的过程中因为自己降价导致心情不愉悦，签约的时候临时反悔，应该怎么办呢？首先理解业主的情绪，接着帮助业主回顾在报盘时或带看中曾经作出的承诺，请业主理解客户的同时，引导业主守信。

如果客户在谈单的过程中价格没谈下来，想让业主有附赠行为以寻求心理平衡，也可以按照上边的逻辑和客户沟通。分清主次，强调房子本身的重要性，减少其他残值项对重要决策的干扰。旧家具家电本来就不值钱，不如日后一点点置办，买一些符合自己品位的新家电。有前车之鉴，业主给客户留下了家具，客户用了几天之后不顺手，等换的时候才发现，二手家具特别不值钱，丢弃还需要支付一定的费用。

总之，弱化情绪，强调当下重点应关注什么。

3. 付款时间和付款方式

（1）提前盘点。在报盘和带看时提前与客户、业主讲清楚交易流程，什么时间节点需要支付多少钱，付款方式有无特殊要求。在签约时，如果遇到付款方式谈不拢，要搞清楚底层原因，双方是否对价格不满意，还是另有隐情。

（2）付款比例差距较大。示例：客户首付 30 万元，业主在其他交易中需要尾款 50 万元，出现了 20 万元的差额，且不说客户有没有这 20 万元，就算是有，客户可能也想贷款多一些。遇到这种情况，尽量帮业主想办法自筹款项，对业主而言是短期影响，但对客户而言，就是未来几十年要还款的总金额发生变动。这里面出现了一个成本的问题，业主筹款需要一定的成本，这个成本谁来出呢？这就需要多方协商，围绕付款的时间周期进行讨论了。

其实，以上的解决方案均为下策，解决问题的核心还是要回到最初需求匹配的时候，我们要引导客户和业主围绕付款方式、金额比例、支付时间节点等信息进行模拟推演，防止影响交易的事件在最后关头发生。

当签约时价格谈好而在其他事项上出现分歧时，经纪人要认可双方的需求，弱化问题本身，让双方的情绪得到释放，回归争议点本身，循序渐进地继续斡旋，直至达成大家的共同目标，为该交易阶段性地画上一个愉悦的句号。

报价和出价差距特别大

经纪人时常听到客户这样说:"房子不错,但是价格太高了,你们去谈价格吧,房价降下来随时可以签约。"另一边,业主诚心卖房,但对价格特别坚持,不出到合适价格坚决不出面……

在房产交易过程中,买卖双方对价格的心理预期是互斥的。即客户希望用最低的价格买到心仪的房子,业主希望可以卖到更高的价格。这就会产生价差问题。

作为交易居间方,为了促成交易,用了很多方法都不奏效。面对价差特别大的问题,有的经纪人倾向于客户权益优先,一味地催促业主降价。有的经纪人倾向于业主权益优先,会直接否定客户,告知这个价格业主不可能卖。

想要解决这个问题,主要是做好以下两点:一是深度分析客户、业主双方产生差距的核心关注点;二是借助客户、业主双方的反馈,推进双方调整预期。

1. 客户出价低

(1) 深度分析客户出价低的原因。

①购房原因:客户购房的目的是自住、投资、刚需,还是改善?

②消费习惯:客户习惯性出价低,为将来博弈留有还价空间。

③资金有限：总预算有限，首付资金有限。

（2）提高客户预期。

①反馈市场数据。通过成交、带看数据反映市场价格和房源热度。相似结构的房源对比，突出此房源的优势，引导客户作选择。示例："我帮您整理了最近的成交数据及这个房子的带看情况，与其他房子相比，这套房子有×样优点，按照市场情况，它的估值在×元范围内，比您现在的报价要高很多。建议您再加点，咱们争取跟业主见面聊聊，别错过这么好的房子。"

②反馈业主意见。通过反馈其他看房人的出价及业主的态度，引导客户提高预期。示例："我们与业主作了沟通，业主对价格还是很坚持，但也给了我们空间。目前整个市场价都是透明的，您也了解最近的成交底价，同样的户型最近的客户出价是×元，上周有个客户看上这套房，出价比您的价格还高一点，但是业主面都没见。您这个出价没有竞争力，如果您真的想买，建议再加点，我们这边也继续去跟业主谈。"

③复述客户需求。与客户一起探讨购房的核心需求，与该房作对应匹配，突出房源优势，肯定客户眼光，同时，再次明确客户的核心需求、隐含需求及购买力。

2.业主报价高

（1）深度分析业主报价高的原因。

①购房原因：业主买入时高于现时市场价格，卖的时候不想有损失。

②售房原因：业主换房，低价出售会影响换房预算，且业主不着急出售。

③房源优质：房屋在位置、楼层、装修等维度属于优质房源，性价比高。

④业主惜售：业主对市场预期向好，对房子有深厚的感情。

（2）降低业主预期。

①反馈市场数据。把近期带看成交的情况作下分析，同户型房源最高售价与最低售价产生的原因是什么，业主现有的房子是否具备高成交价对应的条件，是否具备客户需要的其他条件。通过市场数据反馈，帮助业主了解市场需求、竞争情况及房源在市场中的表现，以便更好地制定定价策略和销售计划，以适应市场的变化和满足客户的需求。

②反馈客户状态。分析客户优势，用客户的反馈来调整业主的心理预期，将客户出价的情况如实反馈，如果业主还是比较坚持，需要告知业主价格过高会带来的影响。示例："您的房子共计带看了×组客户，之前有N组客户出过价，都低于您的心理价位。客户的出价其实就是市场的态度和对房屋的综合评价，现在这个客户是出价最高的，很有诚意。您对价格的坚持，会让客户觉得您售房诚意不足，最终可能会导致错过这个客户。您看价格是否要作一些调整呢？"

以上这些方法，能够为大家解决一些客户、业主间价差大的问题。除此之外还要灵活变通，可以考虑一些软性条件，例如提前交房、增加首付款等,以让双方都能接受的方式达成一致。

要保持积极的态度,在沟通过程中不要失去耐心、不要自我设限,相信相信的力量,保持中立,缩小价差,进而创造互惠双赢的交易局面。

谈判桌上的中介费拉扯

中介费打折这个问题是我们作业过程中最常见、最尴尬、最令人头疼且不可回避的事情。在前文中有提到，最好在带看中将这个问题解决，因为一旦拖到桌面上，那问题就升级了。如果业主和客户都要求打折，处理不好，就可能引发跳单、折单。

不过，就算我们在前期工作中做足了沟通，依然无法避免谈判桌上中介费拉扯这一现象发生。原因有：总房款若出现一定价差，客户或业主可能会把矛头转向中介费；客户之前在其他公司交易时中介费低，而此次交易总体给他的感觉过于简单，感觉不值这么多中介费；客户在心理预期上想能省则省，请求打折。

遇到上述问题，经纪人通常的做法有：要么磨时间，要么让步，要么拒绝。有没有更好的办法呢？参见下面几种方法。

1. 隔离谈判

当出现客户、业主一致把压力给到我们，双向请求中介费打折时，要找契机，把客户和业主分开。然后，针对不同的重点分别进行沟通。

2. 交易风险与服务保障故事化

通过实际案例分享，让客户和业主更加全面地了解房产交易的风险，更好地理解交易过程中可能出现的复杂情况，清楚我们在其中的价值，即我们可以采取相应的措施来规避或降低这些风险,这对于保障他们的权益和安全具有重要意义。

分别从双方交易角色中挖掘后续可能出现的风险点,讲解签约后的相关手续,分析业主房产状态及客户贷款形式,房产是否有抵押,购买抵押房产的风险有哪些?客户贷款需要走哪些手续,中间容易出现哪些问题?贷款时效出现问题,客户会面临哪些违约责任?

收取中介费,是一层安全保障,也是服务保障的开始。

3. **价值审视**

应让客户、业主了解,交易周期快,并不是中介费打折的理由。相反,正是因为我们专业,防范风险的同时提高了效率,节约了大家的时间成本,保证了大家的权益。可以精算房屋办理节省的时间成本、税费成本等,可以适当汇报一下辛苦度,获得对方的理解,降低中介费打折的可能性。

不要一遇到这类问题就回避、妥协,要重新审视自己的价值,笃信自己的价值。在带看沟通过程中提前做好中介费的铺垫,把问题和客户的困惑解决在萌芽状态,不必担心客户觉得中介费高会离开。试想,如果客户都是因为中介费高而流失,那这个行业里,大规模、好口碑的房产经纪品牌是靠低费率竞争胜出的吗?

签约时遭同业公司干扰

业主的房源不是只在一家经纪公司报盘的，客户找房也不一定只委托一家公司。因为信息流通在市场中是公平公开的，签约时常常会有同业公司干扰的情况发生。

面对干扰，我们不能直接阻止客户、业主，因为客户、业主有权利选择在哪家公司成交。我们也不能欺瞒客户和业主，诋毁同行。我们更不要去同业公司发生争执，让自己陷入危险的境地。

面对同业公司可能采用的不正当竞争方式，接下来我们来盘点他们可能给出的条件，即干扰项。

1. "您房子卖亏了！"

同业告知业主，有客户给出了比现在客户更高的价格。

在签约的时候建议房源维护人在场，房源维护人是业主报盘和维护沟通次数最多的人，对业主相对了解，业主也会相对信任他。遇到这种干扰信息，可以请房源维护人去与业主沟通，帮助业主探听虚实，分辨真伪，分析对方的意图。

之前有过案例，业主签约时接到了类似的电话，于是在这边终止了交易，结果去了同业公司之后发现对方根本就没有客户。而这边客户也放弃了购买，转向成交了备选房源。市场的信息瞬息万变，等下去会面临不确定的时间周期，价格可能发生变化，有带来损失的可能性。虽然我们更希望业主能够卖个好价钱，但应分析局面，不能因为听信不实信息而错失成交机会。

和业主讲清楚，一套房的出售价格在同一时期的区别不会太大，就算对方真的给出了稍高一些的价格，也是要磋商很多细节才会成交。在这个过程中，有很多未知条件会带来砍价、降价风险或者出现其他不可控的因素，一旦发生，得不偿失。

2."我们佣金低！"

对客户来说，佣金低是一个不小的诱惑，一下就节省了数额可观的中介费，并且买的还是这套房，不会对自己有任何影响，所以此时也有跳单的风险。如果客户觉得还是现在的经纪公司靠谱，经纪人也为其付出了努力，接到类似的干扰时，他可能会以此为条件，请求佣金打折。

以上情况，我们该如何应对呢？

首先，要让客户知晓房产经纪行业的佣金合理合规，不同的公司根据战略、规模、成本结构的不同，收费标准不同。

其次，讲解我们的优势是什么，例如："您已经感受到我们的服务及我们的能力，在如此短的时间内帮您找到了合适的房源，在签约前严格审核证件，知己知彼，把控风险。还有之后的交易流程全程陪同等。"

最后，保持客观中立，低费率竞争是其他公司的战略战术，无可指摘。但此时干扰到我们的交易便可以定义为非良性竞争。您可以跟随自己的心，选择任意中介公司成交，也许其他公司收取相对低的中介费，也能给您相同的保障。无论您选择谁，我们都支持您的决定。我们只做我们该做好的事情。

在购房过程中,客户最为关注的三件事情是:资金安全、过程顺畅,以及感受愉悦。让客户听从自己的内心,顺着自己的感觉作出选择。要对我们自己有信心,也要对他们有信心,他们会更倾向于选择那些能够提供资金安全有保障、交易流程顺畅及服务体验优质的中介,来保障在他们人生中有着重要意义的安家大事顺利完成。

签后维护

要做好客户和业主的维护,坚持长期主义。谨记不要签前、签后两张脸。签约完成后,经纪公司的服务并没有终止。要想赢得业主和客户的信赖,提供周到的签后服务,用心维护业主和客户,是保持业主满意度和增加信任度、促进重复购买与推荐其他客户的关键。

在执业过程中,我遇到过很多经纪人因签后工作疏忽被投诉。例如:办理手续时,忘记告知业主和客户需要准备的证件,让客户和业主白跑一趟,耽误双方时间;没有陪同客户、业主办理物业交割手续,没有让双方签署物业交割确认单,后续出现物业欠费等问题引发纠纷;新房经纪人带客户成交后,后续任何流程和环节都不再沟通,客户有事咨询,经纪人撂挑子让其直接找开发商;等等。

如果经纪人认为,居间服务自签约后就结项了,那就大错特错了。首先签后有很多陪同服务是你应尽的责任,其次只有签后更用心地服务业主、客户,才能解锁这笔成交隐藏的最大价值,即远景价值、扩散性价值。

具体需要怎么做,有如下建议。

1. 专业的售后服务

建立专属签后维护群。签约完成后,及时建立签后维护群,将店东/商圈经理、买卖双方及交易人员、其他相关人员拉进群。相互介绍，表明身份。说明建立本群的目的及意义。再次告知买卖双方交易流程及注意事项，用文字呈现相关信息，后续向业主、客户发送即时消息，告知流程节点、时间安排等。

2. 跟进交易流程

跟进交易流程，确保客户和业主在整个交易过程中省时省力省心。

（1）过户缴税，竭诚服务。

①约定好时间和地点。缴税、过户手续只有在工作日才能办理，邀约要避开节假日。

②通知现场办理涉及人员。客户方：合同签署时签字的购房人。业主方：产权证上所有的产权人。

③告知过户需要准备的证件。身份证、户口本、结婚证、银行卡、业主产权证原件等，明确哪些是需要业主和客户分别准备的，临行前再次确认，确保万无一失。

（2）物业交割，全程陪同。

①房间内交割。清点并记录家具家电的品牌、数量、使用状况，查看并记录水表、电表、燃气表的数字，查验电话费、电视收视费、网费等的余额及相应的凭证，作详细记录。

②物业处办理。查询水费、电费、燃气费、物业费、卫生费的结余，分清需业主补交和客户应续交的相关费用，协助客户与物业重新签订物业服务合同。

温馨提示：此环节要谨记做好业主和客户物业交割清单的签

署，水、电、燃气及各种物品的清点都要当着双方的面确认，边核实边登记；帮助客户仔细查验业主提供的各种凭证的起算日期和有效期；买卖双方如果不能本人到场必须有委托人亲笔签字的授权委托书。

3. 定期沟通，表达关切

了解业主和客户的需求和喜好，并根据其特定情况提供个性化的关怀。

（1）保持信息传递。

①国家政策与房产新政。国家、地方最新出台的关于房地产方面的宏观调控政策及央行利率的调整等信息可同步给客户，如银行LPR（即贷款市场报价利率）、限购限贷政策、税费政策、首付比例等。

②市场变化。由政策导致的市场变化，如成交量变化、房价变化、群众反映等，所有传递给客户或业主的信息都要保证准确性、时效性。

（2）定期送出温暖。

①制作个人信息档案与成交档案。包括姓名、联系方式及其他相关的情况等。把这些资料建立好后，定期跟踪。

②适时祝福。客户乔迁送祝福、赠送绿植、帮助搬家、帮助打扫房屋，业主交房赠送VR视频、相册，保留家的记忆。可通过微信发送车辆限行提醒、天气情况、换季提醒、节假日祝福等。可以做他们的生活助手，代缴水费、电费、燃气费，教老人用手机，提供简单的维修家电家具服务。关注共同爱好，邀约一起参

加运动、休闲活动等。

定期的问候和贴心的帮助，可以加深与客户和业主的链接，他们可能把你当顾问、当后辈，甚至是朋友，若自己亲朋或邻居有房产需求，会第一时间向你寻求帮助。

树立科学发展观，以发展的眼光看待问题，把眼光放长远一些，可以看到许多不同的可能性。做点善事，做点不求回报或者回报周期很长的事，让我们遇见更好的自己，成为对他人、对社区、对社会更有用的人。

签后推进客户转介绍

邀请客户推荐新的客户,即转介绍,是一种省力、有效、能快速带来客户增量的好方法。签约是服务的开始,抓住每一次服务的机会,建立信任关系,拓展新客,事半功倍。

帮助客户购买到心仪的房子后,聊天询问客户身边有没有同事、朋友有购房的需求。节假日去客户家拜访,了解居住感受,询问是否有朋友也有售房、购房需求。这些日常的做法都可以与签后客户建立链接。

有的经纪人不擅长引导客户转介绍,他们做一锤子买卖,成交之后不再联系客户。或找不准时机,频繁寻求客户推荐,引起客户反感。有的则是客户有顾虑,给经纪人推荐新客户又没有什么好处,多一事不如少一事,怕经纪人服务不好,影响自己与朋友的关系。

经纪人在请求推荐时选择了错误的时间,用错了方式,后续的跟进工作做得不好,都会错失客户转介绍的机会,为此我们分享一些心得。

1. 主动链接,掌握时机

在完成签单合作、为客户提供增值服务、客户主动咨询时,都可以顺势提出。这个时候客户信任度最高,心情愉悦,对你的友善请求也会给予友善的回应。增加日常交互,平时多关注客户的朋友圈动态，点赞评论互动，加深链接。

主动联络客户，根据我们建立的客户档案，做关键时间点的运营。赠送生日、节假日礼物，赠送米面粮油、对联、鲜花等，让客户一旦有换房需求或者身边有人购房，能够第一个想到你。邀请客户参加公司各种活动，如感恩年会、马拉松运动会、社区活动等。购房、乔迁周年纪念日临近的时候，可以送祝福或者上门拜访，顺势邀请客户转介绍。

2. 恰当表达

向客户提出请求时，要根据当时的情境及客户的性格等选择合适的方式表达。

（1）直截了当法。适合性格爽朗、不拘小节的客户。示例："×先生，您性格真好，为您服务真的很开心，您身边的朋友一定也都特别好，有想买房子的可以介绍给我。"

（2）含蓄委婉法。适合做事沉稳、严肃认真的客户。示例："×先生，现在您也是我的老客户了，如果对我的服务还比较满意，可以推荐朋友来找我。我的老客户×先生在我这里买房后，给我推荐了2位朋友买房，他的朋友也对我的服务很满意。"

（3）巧妙借力法。适合行为严谨、审慎质疑的客户，可以请同事在侧面推动："×先生，您这个房子是我们同事×跟业主沟通很久才争取过来的，您未来要是有朋友买房，可以介绍给他。"

3. 常怀感恩之心

老客户推荐新客户后，新客户无论是否与你签单，都要向老客户表示感谢，可以给老客户买点水果、给老客户的小孩买些玩具等，切记不要太贵重，以免增加对方接受时的压力。

以上这些方法能够为大家解决如何推进签约完成客户尽快推荐其他客户的问题。除此之外，还要记住两点：第一，好的服务带来信任，信任是转介绍的前提。客户认可并觉得值得信任的经纪人才会放心推荐给朋友，所以建立信任、为客户提供超预期的服务是关键。第二，不是所有客户都适合推荐人。在邀请推荐的时候要作筛选，筛选匹配度高的，有的客户的个性不适合作推荐人，有的客户的关系网并没有你所需要的客户。

有时候我们特别怕因为自己不适宜的请求而打扰到对方，但有句话叫"不要让不好意思害了你"，生活也是如此。在你通往成功的路上经历了太多荆棘，可往往只差最后的一小步，便能助力后续人生顺利地迈出一大步。也许你离你心中渴望的结果只差一句话，那就是勇敢地说出："您有其他朋友要买房的话，可以找我。"

签后纠纷

签后纠纷是指在房屋买卖或租赁交易过程中,业主与客户之间,或是任何一方与居间方之间发生的分歧、冲突和利益纠葛。房产交易出现纠纷,耗时耗力,有些客户找上门来长期消耗,对经纪人作业、公司声誉和品牌形象产生了严重的影响,若得不到妥善解决,有对簿公堂的可能。

可能产生的纠纷:签约时没有核验证件,房屋产权或客户资质出现问题;客户支付的首付被业主占用,房屋无法解押;客户因经纪人的服务态度不好,投诉到公司要求退还中介费;物业交割时发现业主拖欠多年物业费,但是未留物业保证金;客户反悔,业主不退定金,客户大闹;等等。

纠纷意味着交易无法完成,支付佣金的相关条件无法满足,涉及退回,但这并不是最头疼的事,最头疼的是要面对令人疲惫的调解、协商车轮战,会花费我们大量的时间和精力。

纠纷涉及双方的利益冲突,基于不同的立场、不同的要求,我们要竭力配合调查,在这个过程中,大家会进行多轮谈判,包括回溯事实、审查文件、调查证人和相关情况,纠纷调解方再对各自证据证词进行验真、调查,耗时耗力。所以在应对纠纷这件事上,从根源上要像"治未病"一样提早预防,杜绝纠纷的产生。

倘若产生了纠纷，也不要恐慌，不妨听听如下建议。

1. 处理原则

为他人着想，优先为客户解决问题，把个人利益放到其次。

（1）表示歉意，不管是不是经纪公司的原因，都要表示歉意，不可找借口或博弈，那样反而加深矛盾。

（2）认清责任，端正心态，认真倾听对方的叙述，表示理解，获取纠纷诉求的重要信息。耐心地询问，引导客户说出自己的诉求。

（3）对纠纷进行分类，判定我们是否可以解决，根据纠纷内容及时地对接有关部门，快速解决，不作无效的拖延。

（4）守住底线，无理要求不作让步。如果是我们的责任，不逃避责任。如果不是我们的问题，坚守底线，对无理要求要有说"不"的勇气。

2. 处理方法

处理纠纷可以通过协商和诉讼解决。

协商解决是最简单、最常用的方法。经纪人根据纠纷事实，从中说和，让双方当事人协商解决纠纷，达成一致意见，互相让步，签订补充协议，从而让合同继续履行。

在协商解决的过程中，经纪人可以采取单独交流、换位思考等方式与纠纷方积极交流，阶段性地汇报目前的处理进度，让双方做到心中有数。我们应在其中起到润滑剂的作用，注意不要作传话筒，要客观公正地去同步双方的诉求，并结合居间方的专业视角，给出一些中肯的建议。

不到万不得已，不建议走诉讼流程。如果纠纷双方系原则性问题，实在无法协商解决，可以通过诉讼形式解决。若其中一方出现违约行为，经纪人应及时向公司法务部门做好可能诉讼的情况报备，通过仲裁机构进行处理时，我们应尽力配合调查工作，做到客观、中立、公正。

3. 注意事项

（1）了解合同相关条款，保持冷静。遇到纠纷要冷静分析和处理，不要冲动，尽量避免情绪化表现，以免加剧纠纷。在处理纠纷之前，需要了解相关规定，用专业知识武装大脑，才能更好地处理纠纷。

（2）保留相关证据。及时收集和保留相关证据，以便在处理纠纷时作为参考。持续跟进，坚持自己的立场和主张，不要被利益诱惑，不偏不倚，客观公正。

我们不想产生纠纷，但真的遇到时，也不逃避。为他人着想，把他人利益放到个人利益之上，把公司利益放到个人利益之上。坚守底线，无愧于心，坦荡无畏，做有态度、有担当的经纪人。

后记
POSTSCRIPT

亲爱的读者，随着你翻到这最后一页，我们共同探索房产经纪行业的旅程即将结束。在《无畏——19 年房产经纪人的珍藏笔记》中，我试图把多年来经历的房产销售中的故事及总结的销售方法讲给大家听，用参与、见证的方式诉说我们的故事，展示小我生存与个体实践的所思所得，无关全局。

在书中，我系统地描述了房、客、带、签 4 个关键环节的 45 个实践方法，然而，知识的传递向来不是单向的，你的反馈、思考和实践将是这个学习过程中不可或缺的一部分。我鼓励你将书中的方法应用于实践，不断测试和调整策略，以适应市场的动态变化，帮助自己在这个充满机遇与挑战的行业找到属于自己的解决方案。

写这本书的过程是一段深刻的自我回溯之旅。

曾经的房产经纪行业可谓是"名声在外"。回顾 2005 年，房产经纪人在社会经济活动中的画像是"大金链、手夹包、麒麟臂"。随着 2009 年房地产市场的发展，引发了井喷式的房产需求增长景象，我们用专业和诚信，不断改进提升自身的社会形象与社会价值，在追赶所在城市的平均工资的道路上不断创造佳绩。

即便如此，当时的经纪人依然缺乏安全感与职业自豪感。

2011年，在老左（左晖）的带领下，真房源上线，承诺必践。我们坚持做难而正确的事，不骗人、对客户好，努力让行业变得透明。我们相信最好的销售策略是真诚，不说谎，让销售变得简单。受到链家行业引力与价值观的影响，近十年，越来越多学历高、素质高、能力强的朋友加入我们，一同推进行业的底层建设、现象层治理及改善顶层设计，科技驱动未来，行业发展一路向好。

房地产市场不仅仅是买卖和投资，它关乎人们的生活、梦想和未来。我们要共同努力，为建设更加和谐可持续的居住环境贡献力量。

最后，谨以此书致敬老左，感恩您对行业作出的贡献。

您的引导，对我及像我一样的房产人产生了难以估量的深远影响。

我深信，以诚为本做事，以真为念做人，用微光照亮微光。这个世界终将美好。

盛 丽

2024年1月29日

（本书内容及作业方法论，仅代表作者个人观点，不代表行业及任何相关公司）